Schrader-Motor-Chronik

Harley-Davidson

Motorräder

1918 – 78

HARLEY-
DAVIDSON
PACKAGE TRUCKS

Schrader-Motor-Chronik

HARLEY-DAVIDSON

Motorräder
Singles und Twins

1918 – 78

Dokumentation: Halwart Schrader und Klaus Vollmar

Schrader Verlag

Dieser Band der Schrader-Motor-Chronik ist den Motorrädern der amerikanischen Marke Harley-Davidson gewidmet. Es ist verbürgt, daß im Jahre 1918, drei Tage vor dem Waffenstillstand, der erste amerikanische Soldat mit einer Harley die deutsche Grenze (unwissentlich) überquerte — und hier beginnt unser Faksimile-Rückblick bis zum Jahre 1978. Wir haben nicht nur amerikanische Werbedokumente herausgesucht, um die Internationalität dieser großen Marke zu beweisen, zählt Harley-Davidson doch auch heute, im neunten Jahrzehnt ihrer Existenz, zu den prominentesten Zweirad-Fabrikaten der ganzen Welt. Dank sei an dieser Stelle dem WK-Verlag in Bad Salzuflen ausgesprochen; von dort erhielten wir eine große Zahl interessanter Unterlagen, die in diesem Band veröffentlicht sind.

Halwart Schrader
Herausgeber

Hinter den Höfen 7, D-3113 Suderburg 2, Hösseringen

Dokumentation: Halwart Schrader, Klaus Vollmar
Satz und Litho: RTS Uelzen
Druck: Bosch-Druck, Landshut/Ergolding
ISBN 3-922617-61-1
Printed in Germany

Walter Davidson, 1908

Inhalt

Das Wunder von Milwaukee

Die Geschichte der weltberühmten Motorradmarke Harley-Davidson begann 1901 in einem kleinen Holzschuppen, wo William S. Harley und sein Freund Walter Davidson ihr erstes Motorrad zusammenbastelten. Die Davidson-Brüder William und Arthur gehörten ebenfalls zu den Männern der ersten Stunde. Sie alle hatten ganz andere Jobs, gaben diese aber bald auf, nachdem der Motorradbau aus seinem Amateur-Stadium herausgetreten war. Im Verlauf des Jahres 1902 gedieh der von der jungen Mannschaft entwickelte Motor als auch der Rahmen zur Produktionsreife — die Basis war geschaffen.

Im Jahre 1903 erfolgte die offizielle Gründung der Firma Harley-Davidson. Ihre Maschinen hatten zunächst Einzylindermotoren und Riemenantrieb — wie alle Motorräder damals. Aber die Fertigung kam nur langsam auf Touren — 1903 wurden nicht mehr als drei Exemplare gebaut! Ein Jahr später waren es ebenso viele Maschinen, 1905 ganze sieben.

1907 hatte die Gesellschaft aber schon eine Größenordnung erreicht, die eine Umwandlung in eine Aktiengesellschaft rechtfertigte sowie den Umzug in ein 700 Quadratmeter großes Gebäude. Milwaukee war Motorradstadt geworden! Die Anteile an der neuen Firma übernahmen sämtliche 17 Mitarbeiter, in deren Regie in jenem Jahr 150 Maschinen entstanden. Das neue Gebäude war aber, wie in den USA damals häufig üblich, auch nur ein Gebilde aus Holz und Dachpappe, und so nimmt es nicht wunder, daß die gesamte Mitarbeiterschaft das Kunststück fertigbrachte, den Bau kurz vor seiner Fertigstellung anzuheben und einen halben Meter zu versetzen. Dies hatte sich als notwendig erwiesen, nachdem Eisenbahn-Inspektoren festgestellt hatten, daß sich der neue Werkstattbau ein bißchen zu nahe am Gleiskörper der Milwaukee Railroad befand und man den Sicherheitsabstand nicht genügend eingehalten hatte ...

Ihren ersten V-Twin präsentierten die stolzen Motorrad-Hersteller von Milwaukee 1909. Dieses Motoren-Layout sollte für alle Zukunft typisches Konstruktionsmerkmal bleiben. Und es waren meist großvolumige, drehmomentstarke Maschinen, die unter dem HD-Markenemblem gebaut wurden. An vorderster Stelle aber stand der Qualitätsanspruch. Kaum ein anderes amerikanisches Motorrad kam in dieser Hinsicht an die Harley-Davidson heran. Schon die allererste Maschine, die 1903 verkauft wurde, war eine Legende an Langlebigkeit — noch nach zehn Jahren absolvierte sie zur höchsten Zufriedenheit ihres Besitzers ein tägliches Pensum von

Rechts: Gestelltes Foto aus dem Jahre 1916. Wen der Hecken-Schütze wohl aufs Visier nahm?

Gegenüberliegende Seite: Viele Harley-Davidson-Werbemittel entbehren nicht einer künstlerischen Handschrift ...

zwanzig und mehr Meilen und hatte längst 100000 drauf ...
Zum Harley-Davidson-Konzept gehörte seit jeher auch eine starke Modell-Konstanz. Nur wenig änderte sich im Laufe der Jahre, was zur Folge hatte, daß viele ältere Modelle mit Teilen aus jüngerer Fertigung zu reparieren waren. Die verhältnismäßig große Zahl heute noch existierender HD-Maschinen aus der Zeit vor 1939 beweist, wie sehr man damals auf Langlebigkeit Wert legte.

Den richtigen Durchbruch verzeichneten die Herren Harley und Davidson aber erst im Jahre 1912. Damals kamen sie mit einem Modell heraus, das einen ohv-Motor hatte sowie eine wirklich einwandfrei arbeitende Kupplung — ein Schwachpunkt aller Motorräder in jener Ära. 1913 konnte man jedes Modell wahlweise mit Ketten- oder Riemenantrieb erhalten. Dann gab man den obligaten Trittbrettern zusätzliche Funktionen: Man betätigte mit ihnen auch einen Kickstarter sowie die hintere Bremse. Ab 1915 stattete man alle Maschinen mit einem Dreigang-Getriebe aus.
Inzwischen hatte die Marke HD eine enorme Reputation erfahren. Die amerikanische Bundespost stattete ihre Land-Zusteller mit Motorrädern dieses Fabrikats aus — das ergab auf Anhieb einen Auftrag in Höhe von 4800 Exemplaren. Und selbstverständlich beteiligten sich Harley-Fahrer an motorsportlichen Wettbewerben, meist mit großartigem Erfolg. Auch nationale und internationale Rekorde wurden mit HD gewonnen.
Als Anfang 1917 die Vereinigten Staaten in den europäischen Krieg eingriffen, war Harley-Davidson mit von der Partie. Tausende von Maschinen kamen über den Atlantik. 1918 war das Jahr, in welchem viele Europäer erstmals eines amerikanischen Motorrads ansichtig wurden, und selbst eingefleischte Patrioten kamen nicht umhin zuzugeben, daß die Harley ein exzellentes Stück Technik darstellte.

Der erste amerikanische Soldat, der im Sattel seiner Harley-Davidson deutschen Boden erreichte, war Corporal Roy Holtz aus Chippewa Falls, Wisconsin. Die Chronik verzeichnet auch das genaue Datum: Es war am 8. November, drei Tage vor dem Waffenstillstand. Der amerikanische Kurierfahrer war nicht freiwillig hinter die Kampflinie gefahren, sondern irrtümlich ...

Die erste HD, die es ausschließlich mit Kettenantrieb gab, kam 1920 auf den Markt. Gleichzeitig erfolgte die Einführung einer elektrischen Anlage und eines Drehgriffs für Gas. Bremsen in den Vorderrädern kamen 1928 heraus.

Ständig gab es Verbesserungen im Detail, doch die große Linie behielt man bei. Die Harley mit ihren dicken

Das ist die 750-ccm-Maschine aus der Zeit des 2. Weltkrieges. Sie wurde in riesigen Stückzahlen für die US Army hergestellt.

Rechts: Eine Art Jubiläumsfoto, das 1978 aus Anlaß des 75. Geburtstages der Marke Harley-Davidson gemacht wurde.

Pneus, dem breiten Sattel, dem großvolumigen V-Motor verlor nie ihre Charakteristik. Sicher, es gab auch Modelle mit liegendem (Boxer-) Zweizylindermotor, etwa für die US Army im zweiten Weltkrieg, und später auch wieder Singles wie die 125er Zweitakter der frühen Nachkriegszeit (Baumuster DKW), doch die schwere 74er mit ihrem 1200-ccm-Motor und dem Cowboy-Sattel war nun einmal der Inbegriff der klassischen Harley.

1958 setzte HD einen weiteren Meilenstein im Motorradbau durch die Einführung hydraulischer Bremsen. Die Hydra-Glide avancierte ein Jahr später zur Duo-Glide mit hydraulischen Stoßdämpfern; 1965 gab es dann auch eine Electra-Glide mit elektrischem Anlasser. Der Twin war inzwischen bei 65 PS angelangt.

Der Name Harley-Davidson stand mittlerweile auch für Fahrräder, Golfwagen mit Elektro- oder Benzinmotor, dreirädrigen Lieferwagen („Servicars"). Wie BMW in Deutschland, überlebte Harley-Davidson als einzige amerikanische Motorradmarke gegenüber der japanischen Übermacht, und eine verschworene Anhängerschaft in aller Welt läßt auf die Qualitätsmaschinen aus Milwaukee auch heute nichts kommen.

Dieses Foto ist ein seltenes Dokument im Werksarchiv. Es zeigt den Harley-Fahrer Roy Holtz, der erste US-Soldat, der Ende 1917 nach Deutschland gelangte. Die Aufnahme machte ein Kamerad des Corporals.

Schweres Kaliber

Die Motorradproduktion hatte in den USA während des Ersten Weltkrieges keinerlei Einschränkungen erlitten, ganz im Gegensatz zu der in Europa, und so konnte sich Harley-Davidson damals mit Fug „weltgrößter Motorrad-Hersteller“ nennen. Die großen Kaliber mit 1000 ccm Hubraum hatten 16 PS, und die Firma in Milwaukee war stolz auf eine Liste von 67 Exportländern. Das Werbebudget machte damals eine Viertelmillion Dollar aus, damit gehörte Harley-Davidson zu den besten Media-Kunden in den USA. Und mit 310 Dollar war eine Harley 1921 nur 85 Dollar von einer Tin Lizzie entfernt, deren billigste Version 395 Dollar kostete.

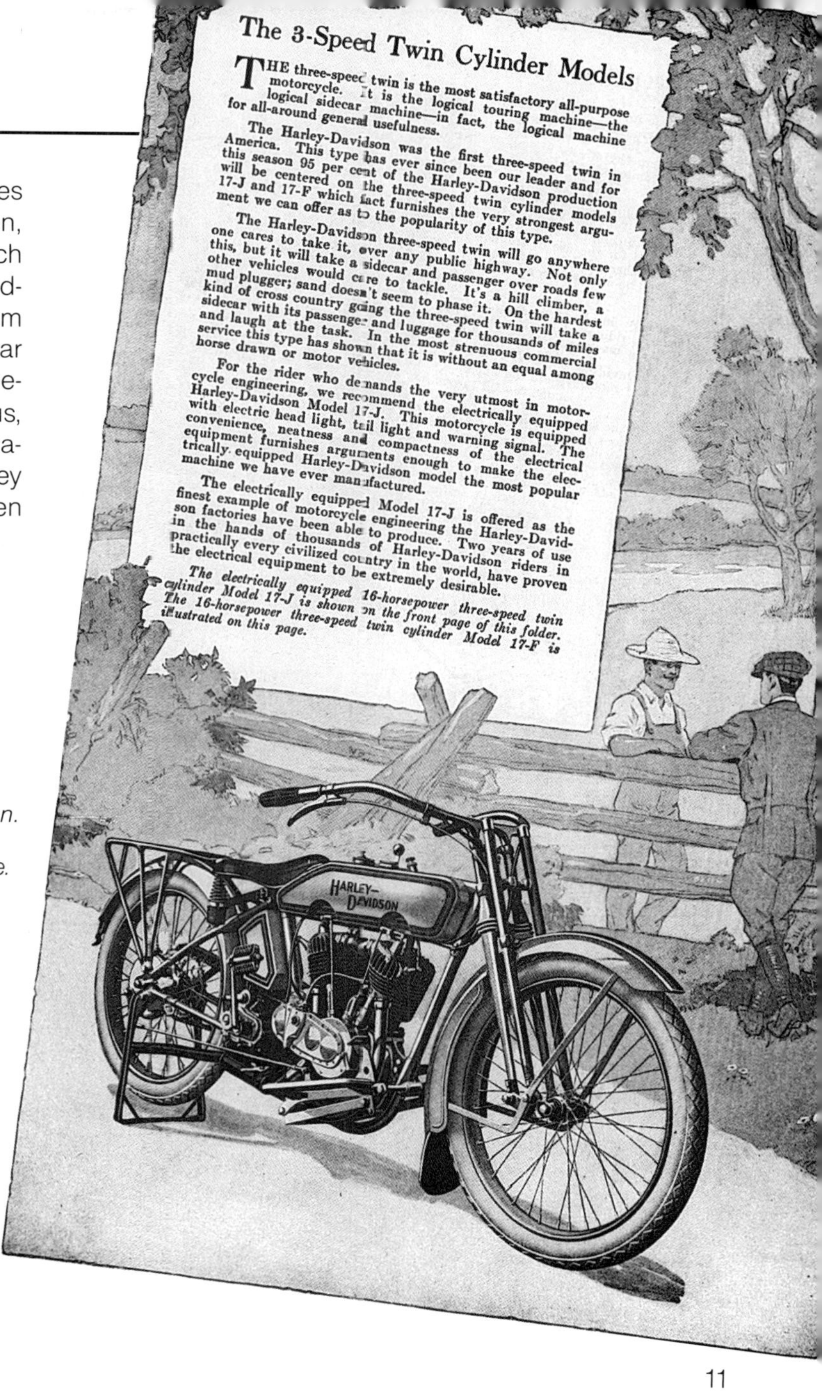

Rechts: Die Motorrad-Industrie stellte früher gern heraus, wieviele Gänge ihre Maschinen hatten. Die 1918er Harley-Davidson besaß ein Dreigang-Getriebe. Unten: Die Preise der Saison 1918.

17-J Code Word—Fairy **$310**
16 Horsepower, twin cylinder, 3-speed model with complete electrical equipment

17-F Code Word—Flower **$275**
16 Horsepower, twin cylinder, 3-speed model

17-C Code Word—Fly **$240**
6 Horsepower, single cylinder, 3-speed model

17-E Code Word—Flag **$255**
16 Horsepower, twin cylinder, direct geared model

17-B Code Word—Fin **$215**
6 Horsepower, single cylinder, direct geared model

17-L Code Word—Friend **$80**
Standard pleasure sidecar

17-M Code Word—Flirt **$70**
Sidevan with covered body 36¾″ long, 21¾″ wide, 18″ high in center and 15⅝″ high at the sides

17-N Code Word—Fig **$72**
Sidevan with covered body 42″ long, 24″ wide and 18″ high

Harley-Davidson Motor Company
Milwaukee, Wisconsin, U. S. A.

Titelseite eines Kataloges von 1924. Die Stilelemente entsprechen denen, wie sie auch die Automobilindustrie in den zwanziger Jahren gern benutzte: Strichzeichnungen in Gartenlaube-Manier.

Oben: Der 1,2-Liter-Motor der großen Harley-Davidson. Bei 87 mm Bohrung und 101,6 mm Hub ergab sich ein Hubvolumen von 1208 ccm. Rechts: Seite aus einem Katalog in holländischer Sprache. Es gab von den großen Maschinen Ausführungen mit Magnet- oder mit Batteriezündung.

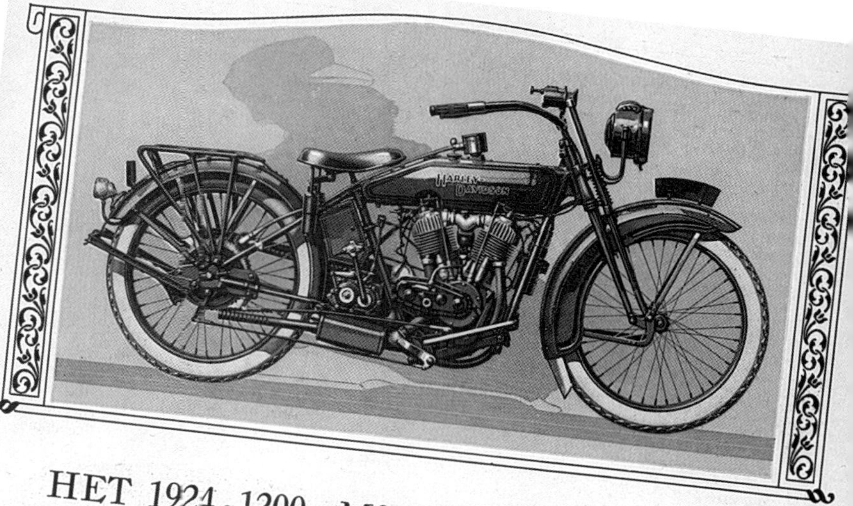

HET 1924 - 1200 cM3 MAGNEET-MODEL

SPORTSLUI, welke van solo-rijden en van de sensaties van snelrijden houden, alsmede zijspanrijders, die een reserve aan kracht wenschen, zijn enthousiaste aanhangers van het Harley-Davidson 1200 cM3 model.

De extra-zware machine bezit capaciteiten, welke het motorrijden tot de eerste buitenluchtsport op wielen maakt.

Lange, steile heuvels en snelrijden worden gemakkelijk gemaakt met deze krachtige machine. Voor het comfort bij het rijden is in ruime mate gezorgd.

Dit 1924 1200 cM3 model met magneet is bestemd voor rijders, welke magneet-ontsteking prefereeren. Deze machine wordt geleverd met carbid-koplamp, achterlamp, generateur en handclaxon. De ontsteking geschiedt door Boschmagneet.

Het electrische 1200 cM3 model is geïllustreerd op pag. 8 en 9. De uitrusting is dezelfde als het 1000 cM3 electrische model, doch heeft de eerste met den grooteren motor ook de grootere kracht.

In tegenstelling met de 1000 cM3 modellen, welke alle met aluminium-zuigers gemonteerd worden, kunnen de 1200 cM3 magneet- en electrische modellen zoowel met gegoten ijzeren als met aluminium-zuigers geleverd worden.

De wereld-reputatie der H. D. werd verworven met motoren, voorzien van gegoten zuigers, en worden deze in de 1200 cM3 klasse motoren nog aangeboden aan de rijders, die het verschil in prijs prefereeren boven verhoogde snelheid, kracht en optrekken, door motoren met aluminium-zuigers.

De magneet—zoowel als electrische modellen worden uitgerust met voorstandaard, bagagedrager, welke accessoires in onze prijzen begrepen zijn.

[11]

KÁLMÁN A. ARAD

Modell 1925 MOTOR HARLEY-DAVIDSON CYCLES Preisliste 2403

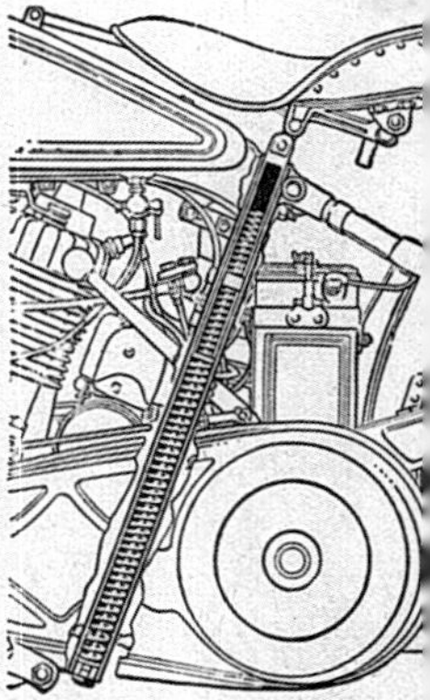

Die HARLEY-DAVIDSON-Motorräder werden in der Stärke 7/9 und 10/12 PS erzeugt und beide Typen können mit Magnet oder mit Original-Zündlichtanlage ausgestattet werden.

Nachstehend unser Preisanbot:

MOTORRÄDER:

Modell	PS	Ausstattung	franko verzollt Wien
M	7/9	Nr. 1	S 3.600·—
D	7/9	Nr. 2	„ 4.100·—
M	10/12	Nr. 1	„ 3.900·—
D	10/12	Nr. 2	„ 4.400·—

SEITENWAGEN:

Modell		franko verzollt Wien
E/1	Prima englisches Fabrikat	S 1.200·—
E/2	detto für 2 Personen	„ 1.300·—
A/1	Orig. H.-D. Touring Luxusmodell	„ 1.700·—
A/2	detto extrastark für 2 Personen	„ 1.900·—

Chassis mit Kastenwagen je nach Ausführung.

Ausstattung Nr. 1

Magnetzündung mit separater Lichtanlage (Azetylen oder elektrisch), 2 Bremsen, Tachometer (2 Zählwerke und Geschwindigkeitsmesser), Gepäcksträger und komplettes Werkzeug samt Pumpe.

Ausstattung Nr. 2

Original HARLEY-DAVIDSON-Zündlichtanlage, bestehend aus Dynamo und Akkumulator (ersetzen sich im Störungsfalle gegenseitig), Stadtlicht, Scheinwerfer u. Schlußlicht samt elektr. Hupe u. Amperemeter. Sonstige Ausstattung wie Nr. 1.

Alle Ersatzteile lagernd.

12 Monate Kredit! **2 Jahre Garantie!**

Neubauer, Wien, XII.

1200 c. c. Electric with Right Hand Sidecar

YOUR motorcycling joys will be doubled with one of these sidecars attached to your Harley-Davidson motorcycle. How often have you wished to take along a companion to share in the pleasures of your motorcycle jaunts and trips!

Riders and owners declare the Harley-Davidson sidecar is the easiest riding sidecar built. With its two 49 inch semi-elliptic springs, the sidecar passenger is floated over the bumps and rough spots in the road. Ask your dealer to give you a ride and you will get a surprise in easy riding comfort.

A snubber strap in front and an easily adjusted combination spring and snubber strap in the rear, check the rebound and add to the easy riding qualities of this sidecar.

All Harley-Davidson sidecars are regularly equipped with an adjustable axle at no extra charge. This permits a road tread of 44 to 56 inches. This is a feature greatly appreciated when covering rough, unimproved roads where it is necessary to follow wagon ruts. The axle is easily and quickly extended when road conditions require. The mudguard extends with the wheel and protects the sidecar passenger from being splashed by mud and water.

[8]

The 1925—1000 c. c. Electric Model

THE popular 1000 c. c. Harley-Davidson model is offered for the 1925 season with a big array of improvements and refinements. The new low riding position will be quickly noticed. It is three inches lower than formerly. The rider can now put his feet firmly on the ground.

There is a new design frame that provides a low center of gravity and makes for a perfectly balanced machine. The drop forged head is extra strong and the loop of the frame is a wide trussed, crucible steel base that protects the bottom of the motor. There is the same liberal road clearance.

Much additional riding comfort has been built into the new models. The seat is extra large, form fitting. The cushion seat post is now fitted with a buffer spring and the main spring is fourteen inches long—five inches longer than formerly. The motor is fitted with lightweight iron alloy pistons. Three deep, narrow piston rings give long wear and hold compression.

This model is equipped with the reliable Harley-Davidson built single unit electric system. The ignition coil is now further protected with a metal cover. The battery is vertically mounted and easy to get at.

Electrical equipment on this model includes headlight, motor driven warning signal, generator, storage battery, manual ignition switch with warning alarm and tail light.

An ammeter, speedometer, additional heel brake, luggage carrier and front stand can be furnished if desired as extra equipment. This model, as illustrated on page 5, can also be obtained with Bosch magneto ignition.

[3]

Links: Preisliste, die 1925 für den österreichischen Markt herausgegeben wurde. Der Seitenwagen kam nicht aus USA!

Oben: 1925er Prospekt. Auch hier wieder die Betonung des Modells mit „elektrischer“ (Batterie-) Zündung und vielen Neuerungen.

Stets ein gutes Geschäft: Die 350er Harley Single. Aber dennoch gab es Absatzprobleme auf dem Motorradmarkt. Harley-Davidson warb seit 1924 mit Teilzahlungs-Vorschlägen ...

Big Twin, so hießen die großen Maschinen, auch Modell 61 und Modell 74 genannt (entsprechend ihrem Hubraum in Kubikzoll). Man erhalte fürs Geld den größten Gegenwert „in aller Welt", verhieß die Werbung!

Dieser Prospekt von 1927 erschien in deutscher Sprache. Die Seitenwagen-Kombination wurde bei Harley-Davidson immer wieder herausgestellt, um die Fahrzeuge Gewerbetreibenden schmackhaft zu machen.

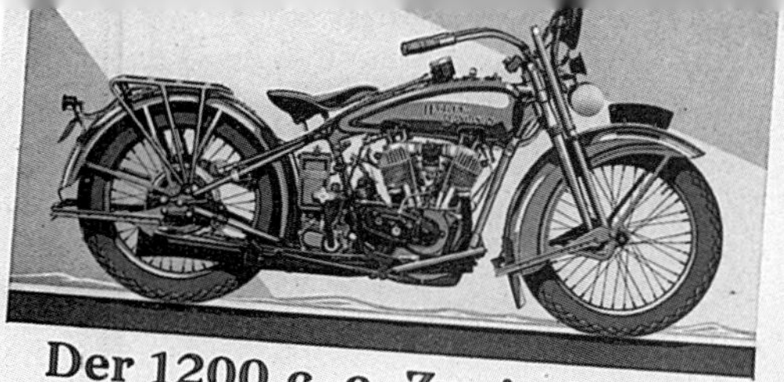

Der 1200 c. c. Zweizylinder

Kein Motorrad dieser Type hat in der ganzen Welt auch nur annährend die Popularität erreicht wie der 1000 und 1200 cc Harley-Davidson Zweizylinder. Überall werden diese Modelle als die Vollendung im Motorradbau anerkannt.

Der 1200 cc. ist das schwere Modell oder Übergrößenmodell und wird bevorzugt für Fahrten mit Seitenwagen, aber auch als Solomaschine für solche, welche auf starke Anzugskraft, besondere Kraftleistung und Geschwindigkeit Wert legen. Diese Eigenschaften sind an diesem Modell in bemerkenswerter Weise vertreten.

Geübte Motorradfahrer werden bestätigen, daß nirgendwo ein Motorrad gebaut wird, welches sich so bequem fahren läßt wie eine Harley-Davidson. Der große bestgeformte Sattel stützt sich auf den berühmten Harley-Davidson Kissensitzpfosten mit Federn, welche bis an das untere Rahmenende reichen. Die Federn — Haupt- Hilfs- und Rückschlagfeder — bringen den Fahrer über Höcker und Rinnen schwebend hinüber

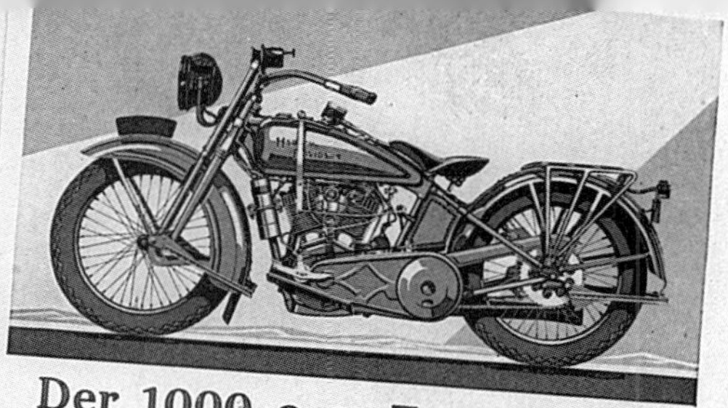

Der 1000 c. c. Zweizylinder

Das 1000 cc Modell ist die populäre Zweizylindermaschine für das Fahren mit Seitenwagen wie auch für Solofahrten. Hohe Leistung und Geschwindigkeit sind ihre hervorstechenden Merkmale.

Die Sitzhöhe an allen Harley-Davidson Maschinen ist überaus niedrig. Man kann jederzeit beide Füße bequem auf den Boden stellen. Acht schraubenförmige Haupt- und Pufferfedern in der vorderen Gabel bewirken eine wirksame Federung bei allen Wegeverhältnissen. Die klappbaren Fußbretter sind groß und geräumig. Reifen von Vollballontype 27×3,85 Zoll

Das eingebaute Zünd- und Lichtsystem ist die wohlbekannte Harley-Davidson Konstruktion vom Einleitertyp. Die Zündanlage ist wasser- und wetterfest. Man gieße einen Eimer Wasser auf Zündspule und Verteiler, und es wird nie ein Versagen des kräftigen Zündfunkens eintreten. Die Magnetmodelle haben Bosch-Magnet.

Der 350 c. c. Einzylinder

mit Seitenventile

Dieses Motorrad hat in der 350 c.c. Klasse neue Richtlinien aufgestellt. Gefällig und hübsch im Aussehen, besitzt es Merkmale der Bequemlichkeit, welche nie in einem Modell dieser Art vertreten waren, wodurch es sich eine besondere Gunst erwarb seit es vor einem Jahre herausgebracht wurde.

Derselbe einstellbare Kissen-Sitzpfosten wie am Zweizylinder, niedrige Sattellage, klappbare Fußbretter, bestgeformter Sattel, schraubenförmige doppelwirkende Haupt-, Rückschlag- und Pufferfedern an der Vordergabel in Verbindung mit Vollballonreifen 26×3,3 Zoll bewirken ein höchst angenehmes Fahren. Eine einzige Fahrt überzeugt von der großartigen Ausgeglichenheit, leichte Handhabung und Fahrbequemlichkeit. Jeder Harley-Davidson Vertreter wird hierzu gern Gelegenheit geben.

Große Brennstoffersparnis ist ein Merkmal dieses Modells. Ein Verbrauch von 2,4 l pro 100 km im Durchschnitt wird von den meisten Fahrern berichtet.

Der 350 c. c. Einzylinder

mit Ventilen im Kopf

Derjenige Solofahrer, der eine Einzylindermaschine mit dem Höchstmaß von Geschwindigkeit vorzieht, wird für dieses 350 cc Modell mit Ventilen im Kopf das größte Interesse haben. Es ist dasselbe wie das nebenstehend abgebildete 350 cc Modell, nur mit dem Unterschied, daß bei diesem Modell die Ventile im Kopf angeordnet sind. Beide 350 cc Modelle haben dieselbe Dreiganggetriebe-Konstruktion wie die Zweizylindermaschine. Die Motorschmierung erfolgt durch eine direktwirkende mechanische Oelpumpe, welche durch die Hilfshandpumpe ergänzt wird. Neun Lagerstellen haben Anschlüsse für die Hochdruck-Fettspritze, die leichte Schmierung gestatten.

Die eingebaute Harley-Davidson Einleiterlichtanlage gewährt kräftiges Scheinwerferlicht, wirksames Signal und wetter- und wasserfeste Zündung. Abschließbare Zünd- u. Lichtschalter sind bequem auf einem Armaturenbrett hinter dem Steuerkopf angeordnet. Magnetmodelle haben Robert Bosch Magnete.

Harley-Davidson — die vorteilhaftesten Motorräder und Seitenwagen der Welt

Ein weiterer 1927er Prospekt in deutscher Sprache. Mit großer Ausführlichkeit geht man auf alle technischen Details ein. Es war auch ein Seitenwagen für zwei Personen (nebeneinander) im Harley-Davidson-Angebot!

Titelseite eines 16seitigen Kataloges von 1927, den es in mehreren Sprachen gab. Immer wieder wurden die Seitenwagen-Kombinationen betont.

Rechts: 1928er Prospekt. Neu waren Bremsen in den Vorderrädern. Harley-Davidson verzeichnete 1928 ein Rekordjahr.

Hauptverbesserungen der Modelle 1928.

Neue Motorschmierung.

Eine der größten Fortschritte seit Jahren in der Motorschmierung wurde erzielt mit der Einführung der durch die Gasdrossel regulierten Ölzufuhr. Gegenüber der bisherigen normalen Harley-Davidson Ölpumpe wird bei der neuen Konstruktion nunmehr die direkte Zufuhr der für die jeweilige Motorgeschwindigkeit erforderlichen Ölmenge gewährleistet. Die Handpumpe dient beim neuen Modell zum Durchspülen und Neufüllen des Kurbelgehäuses. Diese Motorschmierung für alle Geschwindigkeiten ist ein wesentlicher Faktor für größere Lebensdauer und verminderte Unterhaltungskosten.

Das Harley-Davidson Modell 1928 gibt seinem Fahrer nunmehr eine doppelte Sicherheit durch Einbau einer Vorderradbremse, welche die bisherige bewährte Hinterradbremse wirksam ergänzt. Die Bremse am Vorderrad ist eine Innenbandbremse und wirkt von innen ansdehnend auf die Bremstrommel. Sie wird durch einen sehr handlichen Hebel an der Lenkstange betätigt. Die wenigen Einzelteile sind leicht und direkt nachstellbar. Beide Bremsen verschaffen dem Fahrer zu jeder Zeit die absolute Gewalt über seine Maschine.

Vorderradbremse.

Zu den Merkmalen eines Motors neuzeitlicher Bauart gehört ein Luftreiniger, der nunmehr für alle 1928er Harley-Davidson Maschinen erhältlich ist. Schädigende Staub- und Schmutzpartikel werden von dem Luftreiniger zurückgehalten und ausgeschieden, sodaß sie nicht mehr durch den Vergaser in den Motor gelangen. Kohle-Ablagerung sowie Abnutzung an aufeinander arbeitenden Flächen werden vermindert, wodurch auch die Lebensdauer erhöht wird.

Eincylinder Maschinen mit Seitenventilen sowie Zweicylinder Maschinen mit De Luxe Vergaser sind m. Luftreiniger ausgerüstet.

Luftreiniger.

Technische Beschreibung

MOTOR — 1200 ccm, Bohrung 86,97 mm, Hub 101,60 mm — 1000 ccm, Bohrung 84,1 mm, Hub 88,9 mm — 750 ccm, Bohrung 69,85 mm, Hub 96,85 mm — sämtlich seitlich gesteuerte Viertakt-Zweizylinder-Motore vom V-Typ — 350 ccm, Bohrung 73,022 mm, Hub 82,548 mm, seitlich oder kopfgesteuerte Viertakt-Einzylinder.

VERGASER. Bei allen Modellen Schebler de Luxe mit Luftreiniger.

SCHMIERUNG. Bei allen Modellen vom Gasgriff aus regulierte Ölpumpe. Alemite-Nippel an allen Lagern.

ZÜNDUNG. Bei allen Modellen Harley-Davidson-Zündlichtmaschine und Batterie.

GETRIEBE. Bei allen Modellen Harley-Davidson-Drei-Gang-Schubgetriebe.

ELEKTRISCHE AUSRÜSTUNG. Bei allen Modellen Harley-Davidson-Zündlichtmaschine, wetterfeste Zündspule, Batterie, Horn, 2 Ochsenaugen-Frontlampen, Schlusslampe, Parklicht, Schaltbrett mit eingebautem Ampèremeter.

RAHMEN. Bei allen Modellen wirkungsvoll verstärktes nahtloses Rohr aus hochwertigem Kohlenstahl mit armiertem Verbindungsstück. Steuerkopf im Gesenk geschmiedet.

BREMSEN. Bei allen Modellen vorne Innen-, hinten Aussenbackenbremse.

BEDIENUNGSORGANE. Bei allen Modellen Drehgriffe. Drahtzüge im Lenker und in Kabeln eingeschlossen.

ANTRIEB. Bei allen Modellen Kettenantrieb.

SATTEL. Bei allen Modellen Pfannensattel auf Harley-Davidson-Feder-Sitzpfosten.

REIFEN. Bei allen Modellen Ballonreifen.

RADSTAND. 350 ccm 1,4 m, 750 ccm 1,44 m, 1000 und 1200 ccm 1,55 m.

TANKS. Satteltyp mit Ölbehälter. Fassungsvermögen 350 und 750 ccm, 11,4 l Brennstoff, 2,8 l Öl; 1000 u. 1200 ccm 16 bzw. 4¼ l Reservetank.

FUSSBRETTER. Bei allen Modellen Harley-Davidson-Ausführung, hochklappbar.

LACKIERUNG. Normale oliv-grüne Ausführung.

Harley-Davidson Motor-Company
Milwaukee, Wis. U. S. A.

PRINTED IN U.S.A.

Petters

HARLEY-DAVIDSON

1929

III., Rennweg 46—50
Tel. U 18-1-11, U 18-1-43
Werkstätte U 15-4-32

Die Preise gelten einschließlich kompletter elektrischer Ausstattung mit Doppelzählwerk-Tachometer

Neuerungen des Modells 1929

2 Ochsenaugen-Frontlampen
— helleres und besseres Licht

Stellhebel zum Regulieren der Dynamo-Stromstärke
— von prompter Wirkung

Vierröhriger Auspuff
— völlig geräuschlos

Helltönendes Signal
— verschafft grössere Sicherheit

Neuartiges Schaltbrett
— mit Ampèremesser

und eine Reihe weiterer wichtiger Verbesserungen.

Zu den vielen hervorstechenden Eigenschaften, die Harley-Davidson in der ganzen Welt zum beliebtesten Motorrad gemacht haben, sind beim Modell 1929 fünf weitere von grosser Bedeutung hinzugekommen.

Die 2 Ochsenaugen-Frontlampen liefern ein verbessertes Licht und erhöhte Sicherheit bei Nachtfahrten, tragen dabei noch wesentlich zu dem niedrigen, schnittigen Aussehen der 1929er Modelle bei. Durch einen einfachen Hebelschalter an der rechten Lenkerseite kann der Fahrer jederzeit sein Licht den Strassenverhältnissen anpassen: zwei lange, helle, sich verschmelzende Lichtkegel auf der Landstrasse oder ein abgeblendetes Licht für die Stadt.

Zur weiteren Erhöhung der Fahrsicherheit werden die 1929er Modelle mit einem neuen besonders helltönenden Klaxon-Horn ausgerüstet. Dieses elektrisch angetriebene Horn hat einen besonders durchdringenden und doch angenehmen Ton und stellt bei sehr schnellem Fahren einen wichtigen Sicherheitsfaktor dar. Die neuen Harley-Davidson-Modelle haben durch die Einführung des vierröhrigen Auspuffs eine aussergewöhnlich wirkungsvolle Schalldämpfung erhalten, ohne dass der Kraft und Geschwindigkeit irgendwie Abbruch getan wird. Diese geniale Konstruktion leitet die Abgase zu beiden Seiten des Hinterrades und bietet durch die vier geschlitzten Rohre reichlichen Abzug.

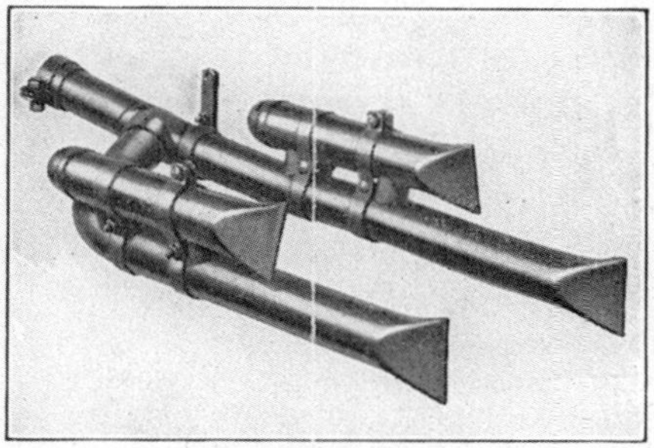

Eine weitere nennenswerte Verbesserung ist das neue Schaltbrett, in das der zuverlässige Harley-Davidson-Weston-Ampèremesser, die Schalter für Zündung und Licht und ein kleines geschütztes, von vorne wie hinten gut sichtbares Parklicht eingebaut sind. In diesem geschmackvoll geformten und hübsch ausgeführten schwarz emaillierten Schaltbrett sind Schönheit und Zweckmässigkeit in idealer Weise vereinigt.

Und um endlich die Vollkommenheit auf den Gipfel zu bringen, ist an der Zünd-Licht-Maschine ein Regulierhebel angebracht worden, der sich direkt auf der Aussenseite des Dynamo befindet. Diese geniale Neuerung versetzt den Fahrer in die Lage, die Strom-Erzeugung jederzeit zu regulieren und die Batterie nach den Ablesungen auf dem Ampèremesser immer voll geladen zu halten, ist also gewiss eine der nützlichsten und bemerkenswertesten Einrichtungen, die sich je an einem Motorrad befunden haben.

Neue Modelle

Ein 45 c.i. Twin (737 ccm) kam 1929 auf den Markt, natürlich in der gleichen technischen Grundkonstruktion wie die großen Modelle 61 und 74. Aber düstere Wolken waren aufgezogen — überall spürte man die Wirtschaftskrise, und das Motorrad war durchaus nicht immer die preiswerte Alternative zum Automobil ...

Preise der Harley-Davidson Motorräder

Sämtliche Preise verstehen **sich frei Berlin und einschließlich folgender Ausstattung:**
Elektrischer Beleuchtung, bestehend aus: Fern-, Stadt-, und Schlußlicht, Tachometer mit Beleuchtung, elektrischem Horn, Amperemesser, Gepäckhalter, Vorderradständer, Spezial-Werkzeug, Luftpumpe und Fettpresse sowie Ballonbereifung.

1200 ccm Touren	4,63 Steuer-PS.	28 effektiv PS.	. . . . . .	RM.	2150.–
1200 ccm Super Sport	4,63 Steuer-PS.	32 effektiv PS.	. . . . . .	RM.	2450.–
1000 ccm Touren	3,8 Steuer-PS.	24 effektiv PS.	. . . . . .	RM.	2150.–
750 ccm	2,9 Steuer-PS.	18 effektiv PS.	. . . . . .	RM.	1875.–
500 ccm	1,9 Steuer-PS.	12 effektiv PS.	. . . . . .	RM.	— — —
350 ccm Touren	1,3 Steuer-PS.	7,5 effektiv PS.	. . . . . .	RM.	1550.–
350 ccm Sport	1,3 Steuer-PS.	10 effektiv PS.	. . . . . .	RM.	1650.–
350 ccm Super Sport	1.3 Steuer-PS.	13 effektiv PS.	. . . . . .	RM.	1700.–

Harley-Davidson Original Touren-Seitenwagen ausgerüstet mit Patent Windschutz, Gepäckraste, Reifenhalter, Fußstütze und Seitenbeleuchtung . . . . einsitzig RM. 850.–

Derselbe . . . . zweisitzig RM. 950.

Harley-Davidson Original-Seitenwagen leicht . . . . RM. 750.–

Harley-Davidson Original Lieferwagen Chassi . . . . . . RM. 520.–

Aufbau für Lieferwagen nach Angabe unter billigster Preisberechnung.

Günstige Abzahlungsbedingungen nach Übereinkunft.

Diese Offerte versteht sich freibleibend.

Importeure für Deutschland:

R. W. Ott & Co., Berlin-Charlottenburg, Bismarckstr. 77, für Berlin und Brandenburg.
Georg Suck, Hamburg, Carolinenstr. 14, für Hamburg und Mecklenburg.
Gustav Haferkorn, Leipzig, Eutritzscher Str. 12, für Leipzig und Freistaat Sachsen.
K. Haberl, München, Isarthorplatz 2, für München und Bayern.
Wenzel & Hibbeler, Breslau I, Alte Taschenstr. 23/24 für Breslau und Schlesien.
Friedrich Viesé & Co., Aachen, Frankenstr. 5, für Aachen und Rheinland.
Hans Lutz, Magdeburg, Walter Rathenaustr. 16, für Magdeburg und Provinz Sachsen.

Viele der Importeure in Deutschland haben einen auch heute noch prominenten Namen. Suck in Hamburg war bereits in den 20er Jahren dabei, ebenso Visé in Aachen und Haberl in München — heute MAHAG.

Der 750 ccm Zweizylinder

Schnell wie der Wind, von vollendeter Schönheit, verläßlich wie ein alter treuer Freund, so ist der neue 750 ccm Zweizylinder, ein Meisterwerk der Technik von jedem Gesichtswinkel aus, an Aussehen, Konstruktion, Bequemlichkeit, Zuverlässigkeit wie Kraftentwicklung.

Er ist wunderbar leicht zu handhaben, schwebt über die Straße wie ein Windspie , liegt prachtvoll in den Kurven und nimmt spielend jede Steigung, ohne daß die Kraftreserve ganz beansprucht werden müßte. Ob es durch loses Geröll, tiefen Sand, durchfurchte Ackerwege oder über Asphalt geht, das macht für den Fahrer dieser ruhig und gleichmäßig laufenden Maschine nicht den geringsten Unterschied. Eine vollkommene Gewichtsverteilung mit sehr tiefer Schwerpunktslage und die niedrige Sattelstellung ermöglichen es dem Benutzer dieses neuen Typs, Tag für Tag ohne die geringste Ermüdung zu fahren.

Der Besitz eines solchen Fahrzeuges kann wirklich stolz und froh zugleich machen. Der seitlich gesteuerte Motor hat abnehmbare Original Ricardo Zylinderköpfe, die ein schnelles Entrußen und Einschleifen der Ventile gestatten. Kolben aus Magnesium-Metall bewirken die ruhige und gleichmäßige aber dennoch unwiderstehliche Kraftentfaltung bei jeder Geschwindigkeit. Breite vollkommen schützende Kotflügel, doppelte vordere Kette mit doppelten Kettenrädern und all die vielen anderen technischen Errungenschaften lassen erkennen, daß etwas auch nur annähernd so vollkommenes bisher in der Geschichte des Motorrades nicht bestanden hat.

Der 750 ccm Zweizylinder, die ideale Solo-Maschine

[4]

Rasanz und Leistung verspricht die Titelgrafik dieses Kataloges, der 1929 herauskam. Die großen 1000er und 1200er (61 und 74 Kubikzoll) hatten Verbesserungen erfahren, und es gab eine neue 750er (41 Kubikzoll), der die Beschreibung rechts gilt.

Titelseite eines Prospektes von 1932. Das Deutsch ist etwas skurril: „Die Maschine erweckt günstiges Aufsehen ...".

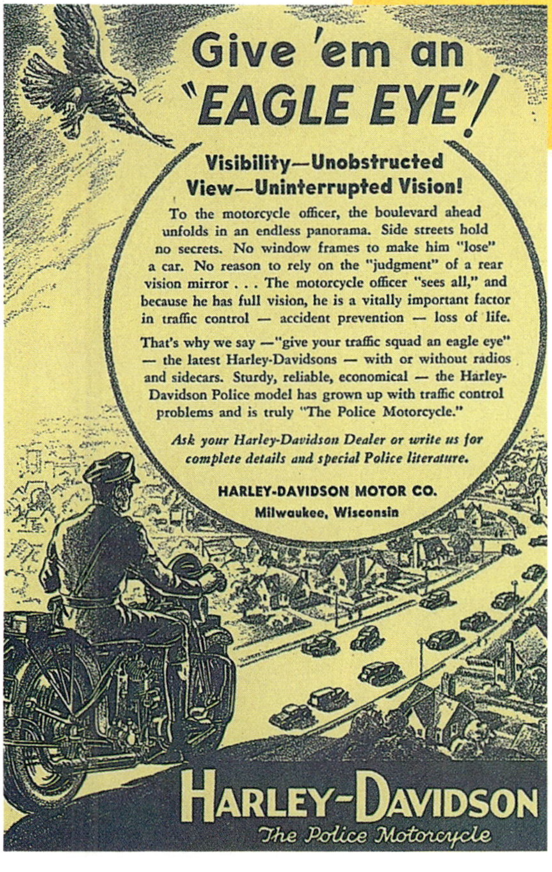

Inserate und Werbeblätter von 1934, 1935 und 1939. In jenen Jahren wurden Harley-Davidson Motorräder deutlich modernisiert.

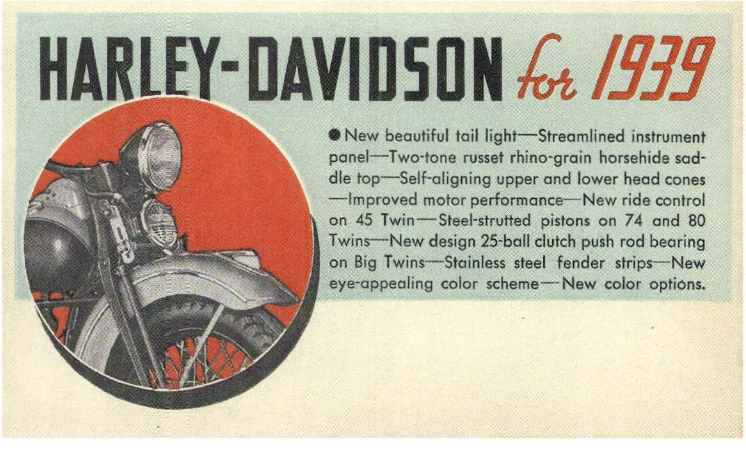

HARLEY-
DAVIDSON
for 1938
Voor 1938 alweer mooiere en betere Harley-Davidsons, met technische nieuwigheden, die het beroemde merk nóg begeerenswaardiger maken. Alles in de 1938-modellen toont duidelijk aan, dat Harley-Davidson niet alleen op de hoogte van zijn tijd is, maar als steeds zijn tijd vooruit blijft. En — wat den liefhebbers van een goed motorrijwiel het meest zal interesseeren: In vergelijking met de 1937-typen, zijn de 1938-modellen beduidend in prijs verlaagd. 's Werelds beste, duurzaamste motorrijwiel is dus nu verkrijgbaar tegen den prijs van een gewoon motorrijwiel !
N.V. Delftsche Motorenhandel
1e v. d. Boschstr. 1a, Tel. 772043
DEN HAAG

HARLEY-DAVIDSON FUER 1932

—Die Grössten Werte in Motorrädern Die Je Angeboten Worden Sind!

Zwei neue Modelle, ein neukonstruiertes 750 ccm Zweizylinder und ein ganz neues 350 ccm Einzylinder—viele Verbesserungen an allen Modellen—neue Preise, die niedrigsten in Jahren—dies sind die Glanzpunkte bei der Serie für 1932.

1200 ccm Zweizylinder

Wie bisher, leitet dieses wundervolle grosse Zweizylinder-Motorrad den Weg in Konstruktion und Ingenieurkunst. Grundsätzlich dieselbe wie die tausende über tausende von Harley-Davidson Maschinen die in allen Teilen der Welt solch bemerkenswerte Erfolge errungen haben, ist die neue 1200 ccm für 1932 ein noch feineres und leistungsfähigeres Motorrad als sie alle. Mit seinen vielen Neuerungen und Verfeinerungen ist es nun mehr als je das Motorrad superb. Und dazu noch ist der Preis dieser grossen Zweizylinder für 1932 bedeutend heruntergesetzt.

750 ccm Zweizylinder

Diese neue 750 ccm für 1932 ist die vortrefflichste mittelstarke Zweizylindermaschine, die je angeboten worden ist, und sie findet überall bei Fahrern den grössten Anklang. Dieselbe ist kleiner und leichter als die grosse Zweizylinder, hat aber reichlich genug Kraft, blitzartiges Anzugsvermögen, äussersten Komfort, und ist von leichter Handhabung. Der 750 ccm Motor ist für 1932 neukonstruiert worden um einen weicheren Gang, bessere Schmierung, noch grössere Zuverlässigkeit und eine noch längere Lebensdauer zu sichern. Viele der Neuerungen sind identisch mit denen an der grossen Zweizylindermaschine.

Links: Titelseite eines Prospektes in holländischer Sprache. Die Harley-Mütze war auch in Europa ein Statussymbol!

Oben: Man erkennt, daß auch dieser Prospekt in den USA gedruckt wurde.

10 Hervorragende Vorzuege Der Neuen Modelle 1932

Untenstehend sind zehn der wichtigeren Vorzüge der Harley-Davidson Modelle 1932 abgebildet. Ausser diesen haben diese wundervollen Motorräder hunderte von anderen Vorteilen in Konstruktion und Ausrüstung, welche für Harley-Davidson den Titel "Das beste Motorrad der Welt!" erworben haben.—Sprechen Sie heute bei Ihrem nächsten Harley-Davidson Vertreter vor, und lassen Sie sich die neuen Modelle ohne irgendwelche Verpflichtung Ihrerseits vorführen.

Schnellabnehmbare, auswechselbare Räder der 1200 ccm Zweizylinder. Es ist nur die Sache einiger Minuten, ein Rad zwecks Reifenauswechselung abzumontieren. Man brauch nur eine Mutter zu lösen, die Achse herauszuziehen, und das Rad kann herausgenommen werden, ohne die Brems- oder Ketten-Einstellungen irgendwie zu stören. Wann der hintere Reifen Abnutzung zeigt, brauch man nur die Räder auszuwechseln, und eine grössere Kilometerzahl pro Reifen wird erreicht. Tiefbettfelgen und Stahlseilreifen machen Reifenreparaturen zu einer Leichtigkeit.

Alle Harley-Davidson Maschinen sind mit einer Vorderradbremse, die mittelst eines Hebels an der Lenkstange bequem betätigt werden kann, versehen. Eine Bremse ist auch an dem Beiwagenrad des grossen Zweizylindermodells vorgesehen.

Für 1932 hat die 750 ccm Zweizylinder einen durchweg neuen Motor. Die Abbildung zeigt die rechte Seite, von welcher der Oelpumpenschutz entfernt ist. Man beachte die horizontale Lage des neuen Dynamos—gerade wie sie bei dem 1200 ccm Zweizylindermodell ist.

Der Vergaser der Zweizylindermodelle 1932 hat einige wichtige Neuerungen. Unter diesen sind ein Benzinsieb, ein verbessertes Schwimmerventil und ein langes, poliertes Lufteinlassrohr.

Die Zweizylindermodelle 1932 haben einen neuen Dynamo mit einem Kollektor von 24 Teilen und mit formgewundenem Anker. Die Lebensdauer der Bürsten ist verdreifacht worden.

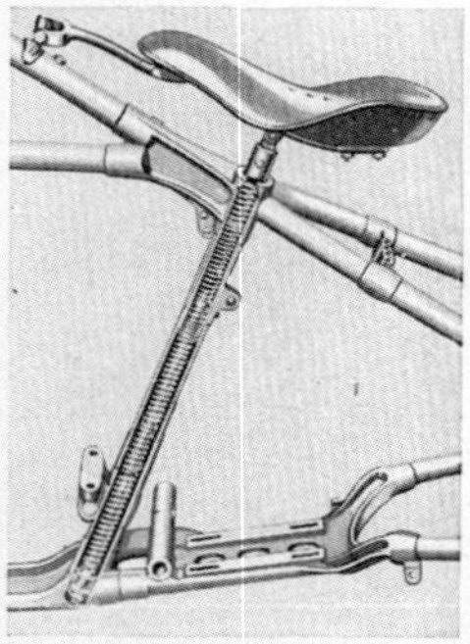

Harley-Davidson Maschinen sind überall in der Welt für ihre erstaunlich grosse Fahrbequemlichkeit bekannt. Einer der Hauptvorzüge ist der exklusive, patentierte, gefederte Sitzpfosten. Aus der Abbildung ist ersichtlich wie die Spiralfedern den ganzen Weg herunter bis unten an den Rahmen gehen. Der Sattel ist auf 19 Zoll (.48 m) von Stahlfedern, die nach dem Gewicht des Fahrers eingestellt werden können, montiert. Andere Dinge die zum Komfort beitragen, sind Vollballon-Reifen, Federgabeln, niedrige Sattellage, formgemässer Sattel, und grosse Fussbretter.

Alle Harley-Davidson Modelle sind mit einer Duplex-Vorderantriebskette, die mit Doppelkettenrädern eingreift, versehen. Dieselbe wird vom Motor aus automatisch geschmiert und bedarf sehr wenig Wartung.

Obenstehend ist die standhafte Hinterradbremse der 750 ccm Zweizylinder und der 500 ccm Einzylinder. Bei diesen Modellen hat die hintere Achse nun konische Rollenlager. Die Bremsverankerung und das Rad können jetzt viel leichter entfernt werden.

Alle Harley-Davidson Motoren haben abnehmbare Ricardo-Zylinderköpfe um grössere Kraft und leichtere Zugänglichkeit zu den Ventilen und Kolbenböden zu erzielen. Obenstehend ist der 500 ccm Motor, mit entferntem Zylinderkopf.

Der Burgess-Auspuff, der ausschliesslich bei Harley-Davidson Zweizylindermaschinen verwendet wird, ist ein wirksamer Schalldämpfer, der keine Zwischenwandungen hat und demzufolge kein Rückschlagen verursacht.

Sehr ins Detail gehen die Angaben im 1932er Prospekt. Dies ist die Rückseite von jenem, dessen Titel auf Seite 26 zu sehen ist. Harley-Standardfarbe war noch immer Oliv mit hellroten Zierstreifen.

1933 **HARLEY-DAVIDSON**

Het beste is altijd het goedkoopste

VOLLEDIGE CATALOGUS, waarin de machines in de origineele kleuren zijn weergegeven, wordt op aanvrage franco toegezonden

VOOR 1933 DE VOLGENDE TYPEN:

Één cylinders

Model B. 350 c.c., de goedkoope één cylinder voor alle doeleinden, speciaal voor bedrijf.

Model CB. 500 c.c., de laagst geprijsde één cylinder voor groote afstanden en met langen levensduur.

Model C. 500 c.c., de onverwoestbare één cylinder, ook te bezigen met zijspan

Twéé cylinders

Model R. 750 c.c., het toppunt van soeplesse met ongeëvenaard soepelen, snellen motor.

Model R.L.D. 750 c.c., de droom van den snelheidsliefhebber.

Model V. 1200 c.c., een meesterstuk van techniek m. groote krachtreseve.

Model V.L.D. 1200 c.c. . . . de onbereikbare snelheidsduivel.

HIER LANGS AFKNIPPEN

Ondergeteekende:

Naam:

Plaats:

Straat:

verzoekt zonder verplichting zijnerzijds toezending van

den Geïllustreerden Catalogus der

Harley-Davidson-modellen 1 . .

Man wirbt mit Schönheit und Qualität — doch die Zeiten sind nicht leicht. Auch die neuen Halbliter-Maschinen sind nur schwer verkäuflich. 1933 setzt HD nicht mehr als 6000 Maschinen ab.

Schoonheid

. . . . .gepaard aan Kwaliteit

Vijf schitterende kleurencombinaties zonder prijsverhooging

Bliksemsnelle - onvergelijkelijk soepele - comfortable Twee Cylinders

Duurzame - bedrijfszekere - onverwoestbare Eén Cylinders

Harley-Davidson

het kenmerk van Degelijkheid

Truck auf drei Rädern

Mit einer interessanten Neuerung kam HD 1931 auf den Markt. Das war der dreirädrige Servicar, eine Kombination von Motorrad und Lieferwagen, die großen Anklang fand, zum Beispiel auch bei Polizeibehörden. Den Vertrieb koppelte man an die GM-Tochter Cadillac, eine hervorragende Synthese.

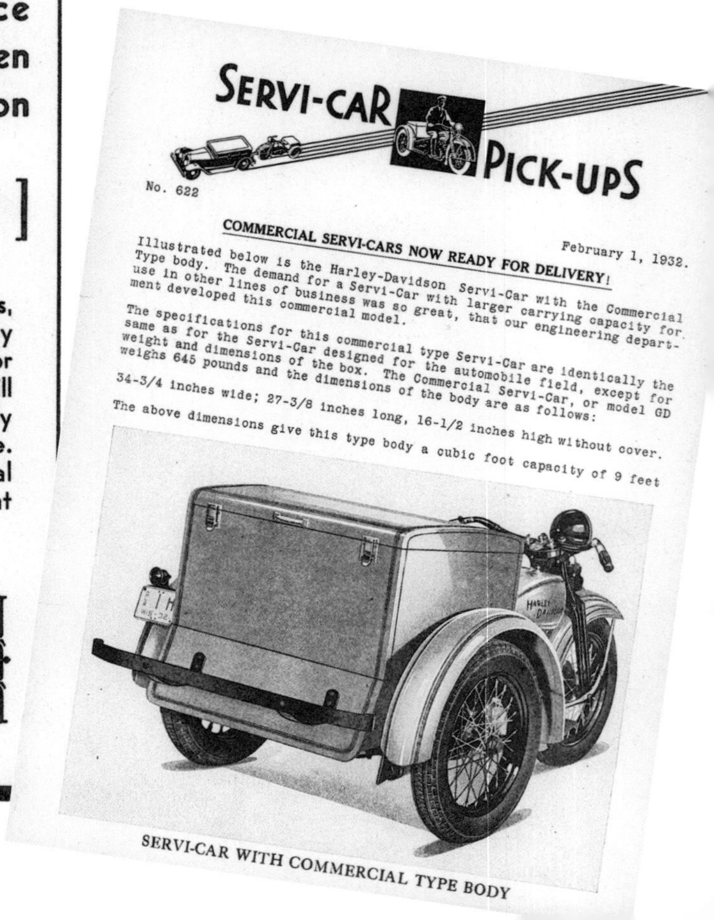

SERVI-CAR PICK-UPS

No. 622

February 1, 1932.

COMMERCIAL SERVI-CARS NOW READY FOR DELIVERY!

Illustrated below is the Harley-Davidson Servi-Car with the Commercial Type body. The demand for a Servi-Car with larger carrying capacity for use in other lines of business was so great, that our engineering department developed this commercial model.

The specifications for this commercial type Servi-Car are identically the same as for the Servi-Car designed for the automobile field, except for weight and dimensions of the box. The Commercial Servi-Car, or model GD weighs 645 pounds and the dimensions of the body are as follows:

34-3/4 inches wide; 27-3/8 inches long, 16-1/2 inches high without cover.

The above dimensions give this type body a cubic foot capacity of 9 feet

SERVI-CAR WITH COMMERCIAL TYPE BODY

Inserat von 1932, bei dem die gewünschte Anlehnung an Cadillac zum Ausdruck kommt.

HARLEY-DAVIDSON MOTORCYCLES

DE 61 – 1000 c.c. TWEE-CYLINDER
De beroemde „knaap" onder de Harley-Davidsons. Een
snelheid, die sensationeel is, niets vóór zich behoeft te
dulden en die uren achtereen op peil blijft. Het was een
standaard 1000 c.c., waarop Fred. Ham zijn beroemde
24-uur-record vestigde, p.m. 3000 K.M. met een ge-
middelde snelheid van 125 K.M. per uur, een standaard
1000 c.c. waarmede Joe Petrali het Amerikaansche
record op 220 K.M. per uur bracht. Het ideaal van den
„echten" motorrot, die niet bang is voor een beetje
snelheid. Ook met een Harley-zijspan een ideale com-
binatie, die voor geen kleintje vervaard is. Getuigen de
6-daagsche in '36 en de talrijke successen op Duynrell.

DE 45 – 750 c.c. TWEE-CYLINDER
De populaire Harley-Davidson, die men bij honderden
op de Hollandsche wegen ziet en zich onder de motor-
rijders een groote schaar van vrienden heeft verworven.
Dat is te begrijpen, want de 750 c.c. paart een groote
souplesse aan een flinke snelheid, valt in den smaak
door gemakkelijke hanteerbaarheid en zuinigheid in
gebruik. Het is het ideale motorrijwiel voor den gemid-
delden motorrijder, die een aardige snelheid in zijn
machine wenscht, zonder dat dit ten koste gaat van
souplesse en voortdurende revisie. De 750 c.c. is in
verschillende uitvoeringen te leveren, voor hooge
en zéér groote snelheden.

DE 74 – 1200 c.c. TWEE-CYLINDER
De beroemde politie-motor, die in alle Nederlandsche
gemeenten van eenige beteekenis bijdraagt aan de
publieke veiligheid. Groote krachtreserve, souplesse
zuinigheid en duurzaamheid, eigenen dit oer-solied
type bizonder voor het groot-toerisme, hetzij met o
zonder zijspanwagen. Zoowel de man, die met zij
vrouw van zijn vrije middagen of Zondagen wil g
nieten als de groot-tourist, die buitenlandsche tocht
wenscht te maken, vinden in deze in-betrouwba
eenvoudig geconstrueerde Harley-Davidson alles w
zij zich maar kunnen voorstellen.

Reeds jaren geleden begon het motorrijwiel zijn
entree te doen bij de politie. Gaandeweg werd dit
gebruik grooter, met het gevolg, dat er thans hier
te lande bijna geen gemeente van beteekenis is,
of de politie bedient er zich van motorrijwielen.
Die goede gewoonte is gevolgd door de Mare-
chaussee, die ook sinds eenige jaren haar werk op motorrijwielen
verricht. Men weet bij die instanties, dat een motorrijwiel vóór
alles **eenvoudig, betrouwbaar** en **duurzaam** moet zijn. Het is dus
niet te verwonderen, dat in die diensten bijna uitsluitend Harley-
Davidson in gebruik is.

Contrôlelampjes voor smering en dynamo.
Balanceerend frictiepedaal 750

't Sterke, dubbele fra
op de zware modell

1938er Zweizylinder-Programm. Den Titel dieses Prospektes zeigt Seite 28.

1938

DE 80 – 1300 c.c. TWEE-CYLINDER

De evenknie van de 1200 c.c., doch met meer inhoud, dus nog grootere kracht. Men vraagt meer snelheid met nog grootere krachtreserve: Harley-Davidson geeft die zonder in een speciale sportmachine te vervallen. Eenvoud en gemakkelijke behandeling blijven. De betrouwbaarheid wint er mêe. Dank zij de onderling verwisselbare wielen, die ook de typen 1000 en 1200 hebben, een prachtcombinatie, niet alleen voor politie- en ander dienstgebruik, maar ook voor den groot-toerist, die iets van de wereld wil zien.

eptuimelaars op 1000 c.c. model. Onderling verbonden remschoenen.

Door de vele verbeteringen voor 1938 zullen Harley-Davidson-rijders opnieuw grootere waarde voor hun geld verkrijgen. Van vele werkende deelen is de levensduur verlengd. Het onderhoud is gemakkelijker gemaakt. Grooter geruischloosheid is bereikt. Geen olieverlies; grooter zindelijkheid. Verhoogd remvermogen — grootere veiligheid. Nog weer verhoogd comfort. Grooter gemak in behandeling. En natuurlijk: onderhoudskosten weder gereduceerd. Den gelukkigen bezitter van een 1938 Harley-Davidson wachten heerlijke dagen in het zadel!

Het beste is altijd het goedkoopste

4 MORE HARLEY-DAVIDSONS

Welke zijn de eigenschappen, die de 1938 HARLEY-DAVIDSONS onderscheiden van vorige typen?

1. Roode en groene signaal-lampjes voor oliedruk en dynamo-lading.
2. Geslepen distributie-tandwielen op alle modellen.
3. Geheel ingesloten kleppenmechanisme op de 1000 c.c.
4. Onderling verbonden remschoenen op de zware modellen.
5. Extra-versterkte frames op de 1000, 1200 en 1300 c.c. modellen.
6. Zelf-centreerende vork-conus op de zware modellen.
7. Op de 750 c.c. zelfde schakel-mechanisme als op de zware modellen.
8. Distributie-tandwielen op de 750, 1200 en 1300 c.c. loopen thans in oliebad.
9. Bij alle modellen verbeterde olieleiding-nippels.
10. Verbeterd frictiepedaal bij de 750 c.c. (als in 1937 reeds op de zware modellen.)
11. Olie-afdichting klepbussen op 750, 1200 en 1300 c.c. verbeterd.
12. „Zerk"-alemite-nippels op alle modellen.
13. Fraaie kleurencombinatie met nieuwe bies.
14. **Sterk verlaagde prijzen.**

Voor garages, winkelbedrijf etc. levert Harley-Davidson de beroemde, uiterst practische „Servicar". Beschrijving daarvan wordt op aanvrage gaarne toegezonden.

HARLEY-DAVIDSON M

THE 61 OHV TWIN . . . .

The sensation of the motorcycle world, the 61 Overhead Valve Twin has gained the praise and admiration of riders everywhere who appreciate the latest in engineering advancements and who demand the utmost in a motorcycle. The performance of this great motorcycle out on the road and in competition, plus its ability to keep going over endless miles, is winning for it thousands upon thousands of new riders every season. For 1939, the 61 OHV is a still finer appearing motorcycle with a new, beautiful tail light, streamlined instrument panel, polished stainless steel fender strips, and attractive color scheme. A number of motor refinements make for still better performance, reduced operating costs, and longer motor life.

THE 45 TWIN . . . . . .

A great favorite with solo riders, the 45 Twin is steadily gaining in popularity. In all kinds of competition events it has made an outstanding record. A straight-through lap on crankcase bearings, piston and ring changes, new valve springs, 24-needle roller bearings in the trans-

mission are 1939 advancements that will give owners the maximum in service and performance. A new ride control, with the side bars brought down below the handlebars, adds to safety and appearance. The 45 Twin and all other 1939 Harley-Davidsons are now fitted with self-aligning upper and lower head cones in the steering head. Easy handling is assured throughout the life of the motorcycle with no binding or pitting of ball bearings and races.

TORCYCLES *for* 1939

THE 74 TWIN . . . . . .

The acknowledged leader in side-valve motorcycles, the 74 Twin enjoys the distinction of having been chosen by more riders than any other make or model on the roads of America today. For solo, sidecar, Package Truck, pleasure, police, and commercial use, its enthusiastic owners are legion. Its powerful, quiet motor will deliver still more horsepower and still greater owner satisfaction and longer trouble-free service because of such 1939 advancements as steel-strutted pistons, oil-control piston rings, equalized cylinder lubrication, improved manifold, perfected valve spring covers. In common with the 61OHV and 80 Twins, changes in clutch design have been incorporated that make for smoother clutch action, minimize clutch slippage, and assure easier shifting.

THE 80 TWIN . . . . . .

Identical with the 74 Twin except for a still larger motor, the 80 Twin has made many friends because of its great reserve power. With the 61 and 74 Twins, it shares such 1939 features as a new clutch push rod thrust bearing in the transmission with 25 balls, each ¼" in diameter. On these three models, a sliding gear has been incorporated in the most used speeds for easier shifting. The sliding gear is in second gear position in the four speed transmission, and is in low gear position in the three speed, and in the three speed and reverse transmissions. All models have a new push-ball oil cup to provide adequate lubrication of the front brake cable. There is a new, neat stop light switch on all models, a new gasoline strainer, a drain-out plug at the bottom of the carburetor bowl, and saddle tops have a two-tone russet finish in rhino-grain.

1941 wurde die WLA 45 geboren, die Militärversion der berühmten 750er WLD. Neu war das Model 74 OHV.

Motocicletas HARLEY-DAVIDSON

1947

18.500,00

A VISTA DESCONTO 10%

1/10 prest. 1.100,00

MODÊLO 750 c. c. Válvula Lateral

Êste modêlo é particularmente apreciado
pelos motociclistas que não usam side-car.
É de fácil manejo, muito confortável e de
consumo bastante econômico.
Seus cilindros duplos do tipo V e o seu mo-
tor de válvula lateral com um deslocamento do
pistão de 45" desenvolvem surpreendente potência
para vencer quaisquer caminhos e subidas.
A notável eficiência dêste modêlo é sempre
uma fonte de inteira satisfação para o seu possuidor.
O assento com suporte de mola, uma par-
ticularidade da Harley-Davidson, o confortável
selim bem acolchoado e forrado com finissimo
couro, bem como os pneus balão proporcionam
ao motociclista toda comodidade na viagem.
As rodas possuem aro central e são facil-
mente desmontáveis. Acabamento verde-oliva com
filetes vermelhos e partes metáli...

MODÊLO 1.200 c. c. Válvula na Cabeça

A incontestável eficiência do modêlo 61 des-
pertou interêsse por um modêlo do mesmo tipo,
mais potente e capaz de desenvolver maior ve-
locidade.
O modêlo de 1.200 c. c. satisfaz a estas
exigências do motociclista perito que insiste no
que há de melhor como performance, tanto
usando a motocicleta simples como com sidecar.
Novo mostrador de velocímetro, mais fácil
de ler mesmo no escuro. Todas as motocicletas
Harley-Davidson são equipadas com freios de
expansão interna nas rodas dianteiras e trazeiras.
O freio trazeiro é acionado por pedal, e o
dianteiro por alavanca, colocada no guidão.
Placa de mudança melhorada, cromada no
lado do tanque, em todos os modêlos, facilitando
os movimentos da motocicleta.

MOTOR HARLEY-DAVIDSON CYCLES

MODÊLO 1.200 c. c. Válvula Lateral

De todos os modêlos produzidos na America
do Norte é êste o preferido pelos motociclistas
de todo o mundo.
O seu funcionamento perfeito, à toda prova,
faz dêle a moto favorita para qualquer uso: policia,
comércio, recreio, sem ou com side-car.
Tem, como todos outros modêlos, uma vál-
vula reguladora de gasolina, colocada no alto do
tanque à esquerda, permitindo o uso imediato da
gasolina de reserva.
Êstes modêlos são providos de estribos
aerodinâmicos, dobráveis, colocados de modo a
garantir o máximo conforto.
Os tanques dêstes modêlos são geminados
e comunicam-se entre si.
As rodas dos side-cars são desmontáveis e
intercambiáveis com às da motocicleta.

Prospekt in Portugiesisch für Brasilien. Noch immer gab es die 1200er sowohl kopf- als auch seitengesteuert.

Mit einer 125-ccm-Maschine hatte wohl kein Harley-Freund gerechnet, doch das kleine Motorrad — ein Nachbau der populären deutschen DKW RT 125 — kam ausgezeichnet an und schloß so manche Marktlücke.

Die Werbesprüche für die kleine Harley glichen sehr denen, die einst auch in Europa geklopft wurden.

Mit Verve wurde die Werbung für die 125er aufgezogen. Das relativ preiswerte Maschinchen war in erster Linie für eine junge Käuferschaft gedacht.

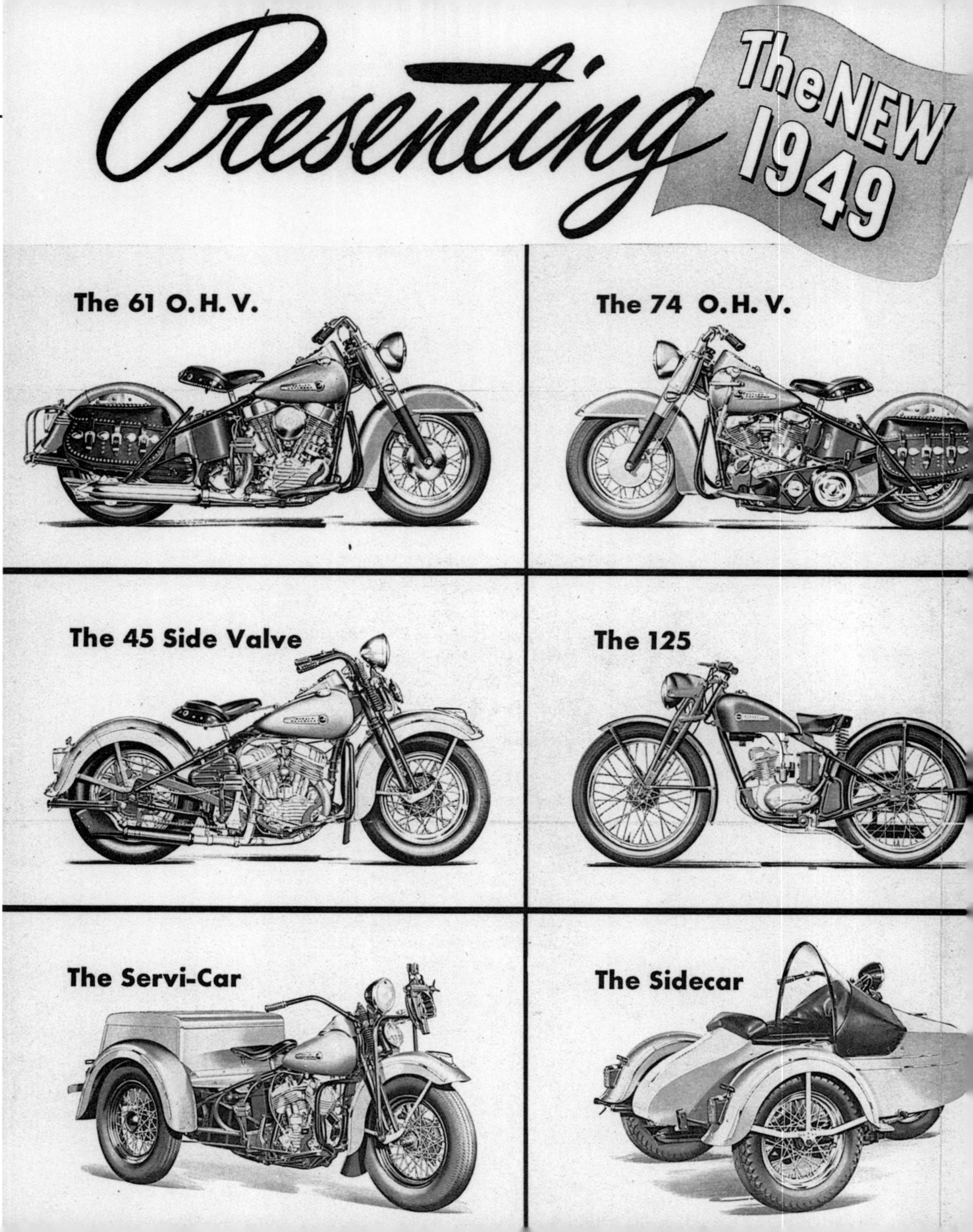

1948 war nicht nur das Geburtsjahr einer ganz neuen Harley-Davidson. In diesem Prospekt für das Modelljahr 1949 fällt die Abbildung der 125er neben der Auflistung der großen Traditionsmaschinen kaum auf ...

arley-Davidsons

SUPERB riding comfort, greater handling ease, greater safety, streamlined design for outstanding beauty distinguish the Harley-Davidsons for 1949. A new era in motorcycle riding comfort is ushered in with the introduction of the Hydra-Glide fork on the 61 and 74 cubic inch O.H.V. models. Incorporating features found in no other fork of its type ever produced, it irons out bumps and washboard roads like magic. The impact is cushioned by long helical springs, supported and contained in the main tubes. The springs are hydraulically dampened by means of synthetic oil of high viscosity index. Hydraulic stops are provided in both recoil and cushion positions. Fork movement is now more than five inches, an increase of 100%. Rate of spring action is low for quick response to road inequalities. The road-hugging stability of the Hydra-Glide fork results in remarkable handling ease that is further enhanced by roller steering head bearings.

Greater night riding safety is achieved in the 61 and 74 cubic inch models with a new sealed ray headlight that makes 10-13% more light available to the rider. The double filament, 32-32 candle power, prefocused bulb, in conjunction with a larger, new-shaped reflector and lens, sends a path of light out from the motorcycle and eliminates the usual dead spot in the road ahead. In the lower beam, the light is intensified and dipped to the right. Oncoming drivers are not blinded, and the motorcycle rider plainly sees the edge of the road as well as pedestrians or other objects. The sealed ray unit is easily replaceable from any Harley-Davidson dealer's stock.

★

A new, more powerful front brake on the O.H.V. models, with 34% greater braking surface, is another safety factor for 1949. Brake acting lever is now located in the drum, where it is protected from the elements. Together with the efficient rear brake, the rider has positive braking power at his command.

Air flow fenders on the O.H.V. models add the last word in streamlining and beauty to these magnificent models. Formed under tremendous pressure, the front fender is in one piece and the rear fender is in two sections to accommodate the hinged feature. Glistening, stainless steel trim on front and rear fenders further enhances good looks. Chrome and stainless steel have been lavishly employed throughout the 1949 models.

To arrest rusting and discoloration, cylinders on all models, and the O.H.V. exhaust pipes are siliconed a beautiful silver. Mufflers on all models are siliconed in black. All models have grease-tight, water-tight, rubber handlebar grips of new design. Rubber mounted, chrome handlebars are obtainable for all Twins and provide additional comfort by isolating the rider from vibration and road shock. Numerous equipment groups are offered. Two new optional colors, in addition to black, Burgundy and Peacock Blue, and a third new color, Metallic Congo Green, is available at slight extra cost. For full information about the great line of Harley-Davidson motorcycles for 1949, see your dealer today.

HARLEY-DAVIDSON MOTOR CO.
Milwaukee 1, Wisconsin, U.S.A.

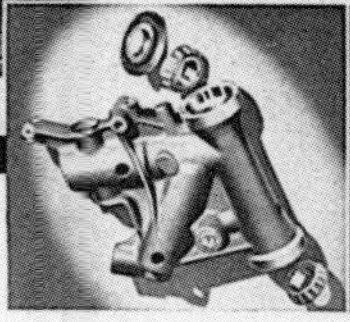

Upper and lower roller bearings in fork head.

Prefocused, sealed ray headlight for greater night riding safety.

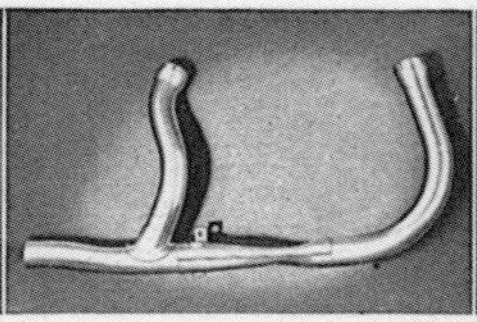

Exhaust pipes on O.H.V. models and all cylinders are siliconed.

34% more braking surface on the front brake on the O.H.V. models.

★ *The Hydra-Glide fork responds to the slightest bump as well as to a deep chuck hole. With its more constant trail, his new fork gives the rider better control, easier handling, greater safety and sensational riding comfort.*

und so sah die neue 125er Maschine aus ...

Tuned to the times, made to meet modern motoring conditions, the Harley-Davidson 125 brings you new, personal transportation convenience . . . new experiences in fun and outdoor enjoyment! It's a two-wheeler everyone can ride, everyone can afford . . . young and old. Light in weight and perfectly balanced, the 125 handles so easily that you need no previous experience in order to learn to ride it safely.

You'll be agreeably surprised to discover how comfortably you zip over roads and streets on its big, balloon-tired wheels and cushioned springing . . . how smoothly and quietly its air-cooled motor purrs you on your way . . . how completely you can control every move with 3-way foot shift, easy-grip steering and handlebar throttle . . . how sure and safe it is with large, positive-action brakes on *both* wheels. Generator and battery provide powerful illumination for safe, night riding — regardless of the speed at which you travel.

There's a treat in store for you the first time you try a Harley-Davidson 125 . . . a pleasant surprise in practical, dependable, personal transportation . . . at amazingly low cost! Come in and take your FREE RIDE today!

PRECISION CONSTRUCTION FOR REAL DEPENDABILITY

Sturdily built headlight features a handlebar operated, 21-21 candlepower bulb with dual beam control. Neatly curved headlight assembly also houses an accurate, cable-operated speedometer.

Right side of the 125 features the ignition coil, voltage regulator, gear position indicator, rear brake foot pedal, right foot rest, horn, chrome exhaust pipe, specially designed, two-cycle muffler.

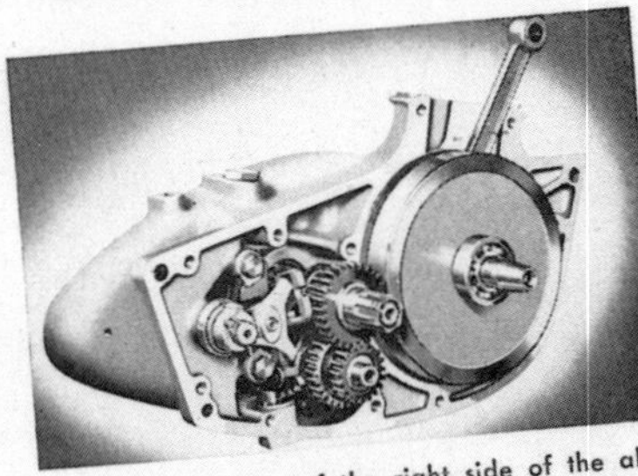

Cutaway illustration of the right side of the aluminum crankcase, showing the compression plate, main shaft ball bearing, constant mesh gears, and part of the shifting mechanism and connecting rod.

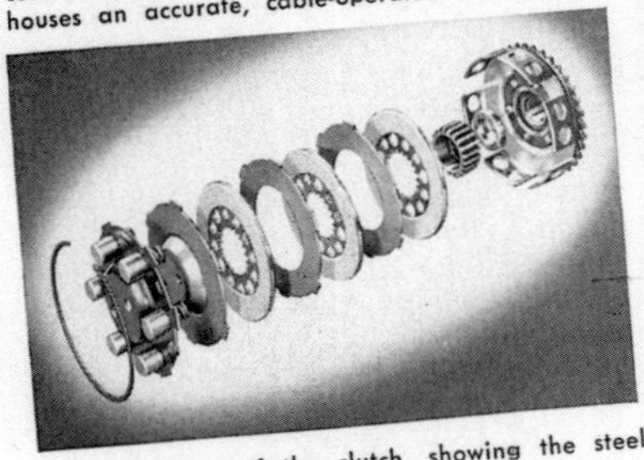

Exploded view of the clutch, showing the steel separator plates and friction discs. Clutch operates in an oil bath and is easily controlled by a lever conveniently mounted on the left handlebar.

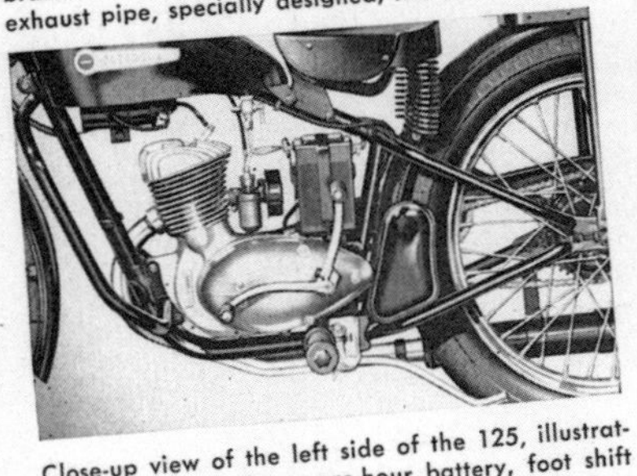

Close-up view of the left side of the 125, illustrating the sturdy, 10 ampere-hour battery, foot shift lever, kick starter, tool box, jiffy stand, left foot rest, carburetor, air cleaner and clutch case cover.

Right handlebar-operated, 5" front brake supplements right foot-operated rear wheel brake of equal size, providing maximum riding safety. Alemite-Zerk lubrication fitting on brake actuating arm.

Der Kenner wird hier schnell entdecken, woher das Design stammt.

Alle sind per Harley-Davidson motorisiert, nur die „Grüne Witwe“ nicht!

Jetzt auch wieder in Deutschland angeboten: Harley-Davidson-Prospekt von 1949.

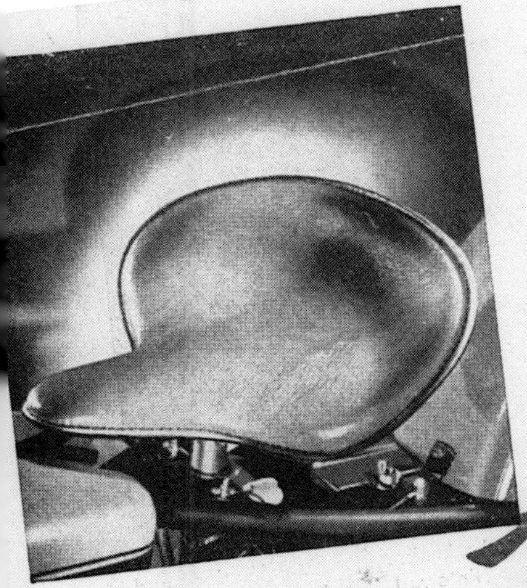

Der außerordentlich bequeme Sattel, mit Schwammgummi-Polster und dauerhaftem Lederüberzug

SATTEL: HARLEY-DAVIDSON-Sattel mit der bekannten federnden Sattelstütze, dadurch einmalige Fahreigenschaften wie mit Hinterradfederung.

VORDERGABEL: HARLEY-DAVIDSON-Patent. Eine feste und eine federnde Gabel kombiniert.

KRAFTSTOFFTANK: Inhalt 12 Ltr. Benzin, 4 Ltr. Oel.

LENKER: HARLEY-DAVIDSON-Lenker mit Drehgriffen.

GEWICHT: 210 kg

RADSTAND: 1460 mm

LÄNGE ÜBER ALLES: 2120 mm

FARBE: Schwarz mit rotem Spiegel oder Silbergrau mit blauem Spiegel und mit einem Goldstreifen abgesetzt.

Dies sind einige der wichtigsten Merkmale, die seit mehr als vier Jahrzehnte HARLEY-DAVIDSON-Motorräder bekannt gemacht und sich bei schärfsten Prüfungen und im täglichen Gebrauch hervorragend bewährt haben.

IMPORTEUR:

FRIEDRICH VISÉ & Co. (Inh. Friedrich Visé) AACHEN, Brabantstr. 66/70

TELEFON 30504

Rudolf Kern, Druckerei, Nürnberg

...erst eine „HARLEY" fahren - und dann KAUFEN

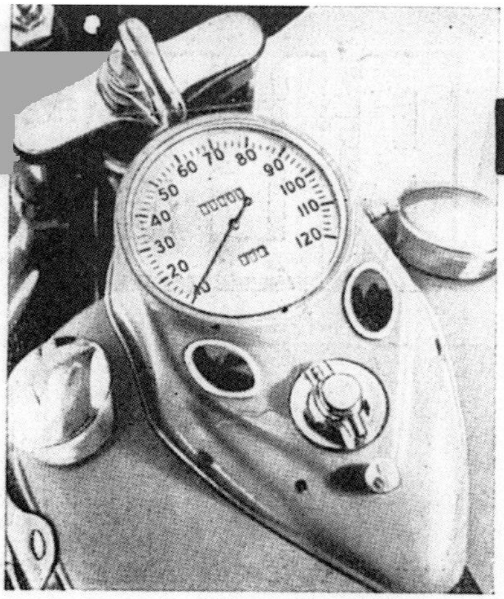

HARLEY-D

750 ccm Modell

Stabilität, Leistungsfähigk
räder. Schon vor 20 Jahr
Verbesserungen ihren grundsätzlichen Aufbau nicht zu verändern br
lichkeit gewidmet. Hier haben Sie eine Maschine, die vor 20 Jahren
Im Laufe der Jahre mit allen Neuerungen der Technik ausgestattet,
zu den wirtschaftlichsten überhaupt zählt.

Das stromlinienförmige Armaturengehäuse mit dem großen Tachometerkopf (bei Nacht beleuchtbar), den Signallampen, für Öldruck und Ladeanzeiger sowie Zünd- und Lichtschalter

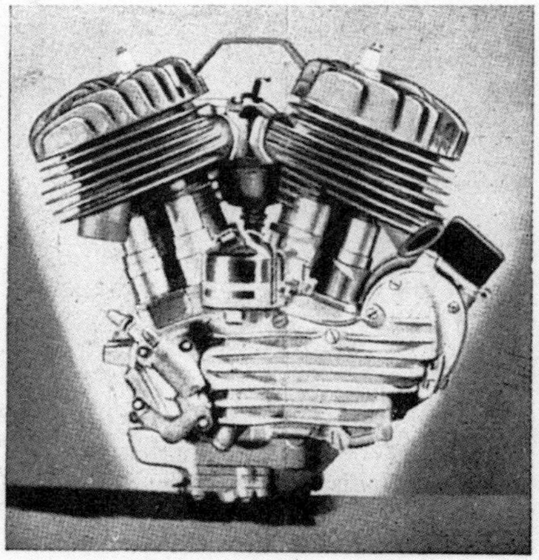

Motor des 750-ccm-Modells. Man beachte das Unterbrechergehäuse und die stark verrippten Leichtmetallzylinderköpfe

MOTOR: 2 Zylinder in V-Form, 4-Takt, Leichtmetall-Zylinderköpfe nach Ricardo-Patent. Kühlrippen in Stromform, auch bei stundenlangen hohen Geschwindigkeiten keine Überhitzung.

ÖLUNG: HARLEY-DAVIDSON-Umlaufschmierung, garantiert geringsten Verbrauch, ca. 1 Ltr. pro 1000 km.

GETRIEBE: HARLEY-DAVIDSON-3-Gang-Schubgetriebe. Einfachste und unverwüstliche Ausführung. Für Beiwagenbetrieb kann Rückwärtsgang eingebaut werden.

KUPPLUNG: Mehrscheibenkupplung mit Fußbedienung.

HARLEY-D

A V I D S O N

chönheit kennzeichnen seit Jahrzehnten die HARLEY-DAVIDSON-Motor-
diese Maschine so vollendet ihre Form gefunden, daß alle technischen
Größten Wert wurde hier der Sicherheit, Bequemlichkeit und Wirtschaft-
lig auf den Markt gebracht, den Weg in fast alle Länder der Erde fand.
ieses Modell zu einem Motorrad, welches in Verbrauch und Unterhaltung

Durch die hochwirksamen Innenbackenbremsen an Vorder- und Hinterrad hat der Fahrer die Maschine vollkommen in seiner Gewalt

AUSPUFF: Burgeß-Patent.

RÄDER: Schnell auszubauen (Steckachse).

BREMSEN: Große und breite Vorder- und Hinterrad-Innenbacken-Bremsen.

VERGASER: Schebler-Patent, Kraftstoffverbrauch ca. 4 Ltr. pro 100 km bei mittlerer Geschwindigkeit.

ANTRIEB: Getriebekette Duplex, in Ölbad, links. Hinterradkette rechts offen, einfach abgedeckt. Beide Ketten werden von der automatischen Pumpe geschmiert.

RAHMEN: Rohrrahmen mit im Gesenk geschmiedeten Steuerkopf und Verbindungen.

So einfach ist das Hinterrad herauszunehmen

A V I D S O N

Dieser Prospekt zeigt noch nicht die neue vordere Gabel, genannt „Hydra Glide Fork", die 1949 herauskam.

MOTOR
HARLEY-DAVIDSON
CYCLES

Titelseite eine sehr interessanten Harley-Davidson-Kataloges von 1951. Er umfaßt 16 Seiten und beschreibt die Modelle 61 OHV, 74 OHV, 45 SV und 125.

Das ist „die" klassische Harley schlechthin — mit 1200-ccm-Motor, großen Schutzblechen und den ledernen Gepäcktaschen in Cowboysattel-Art ...

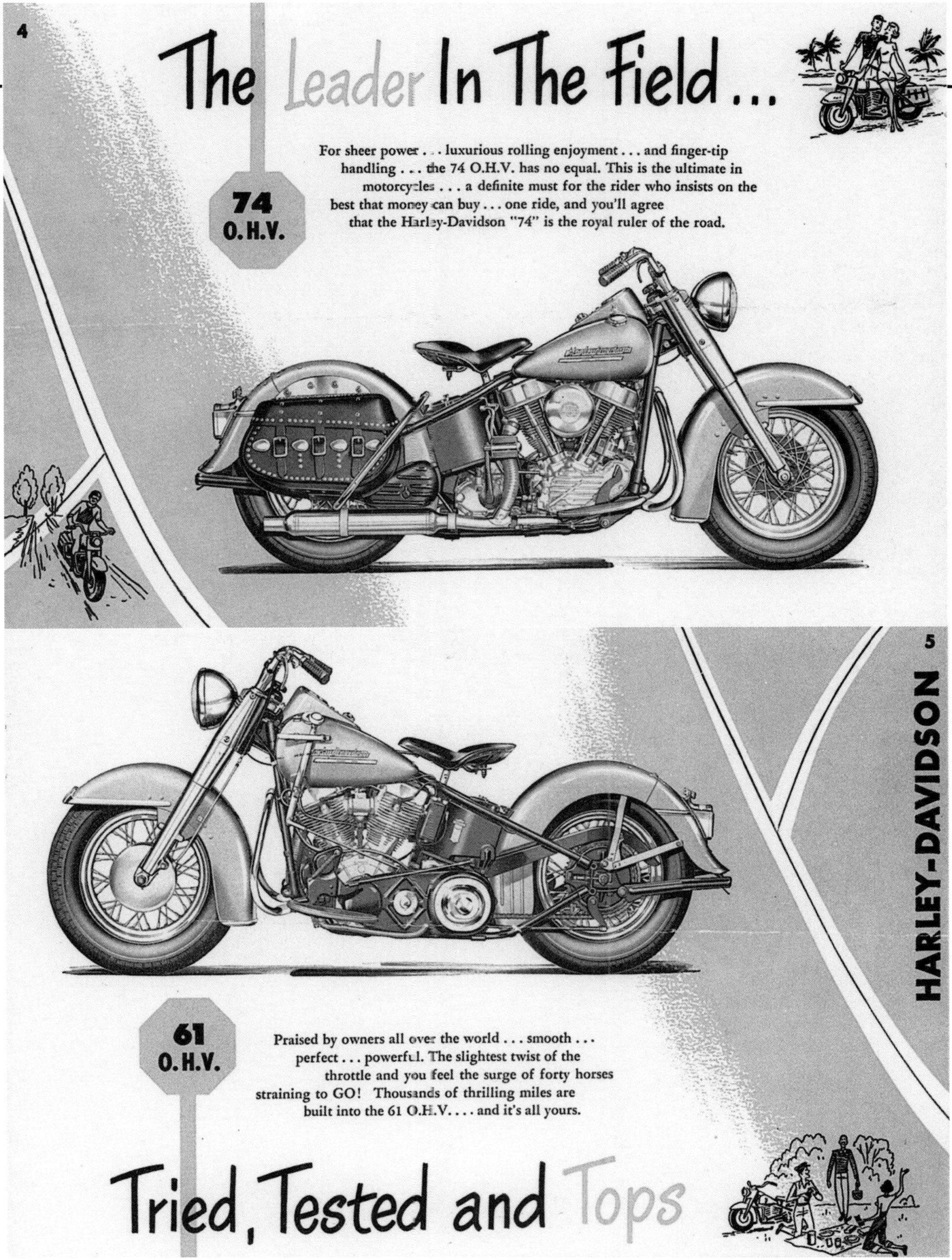

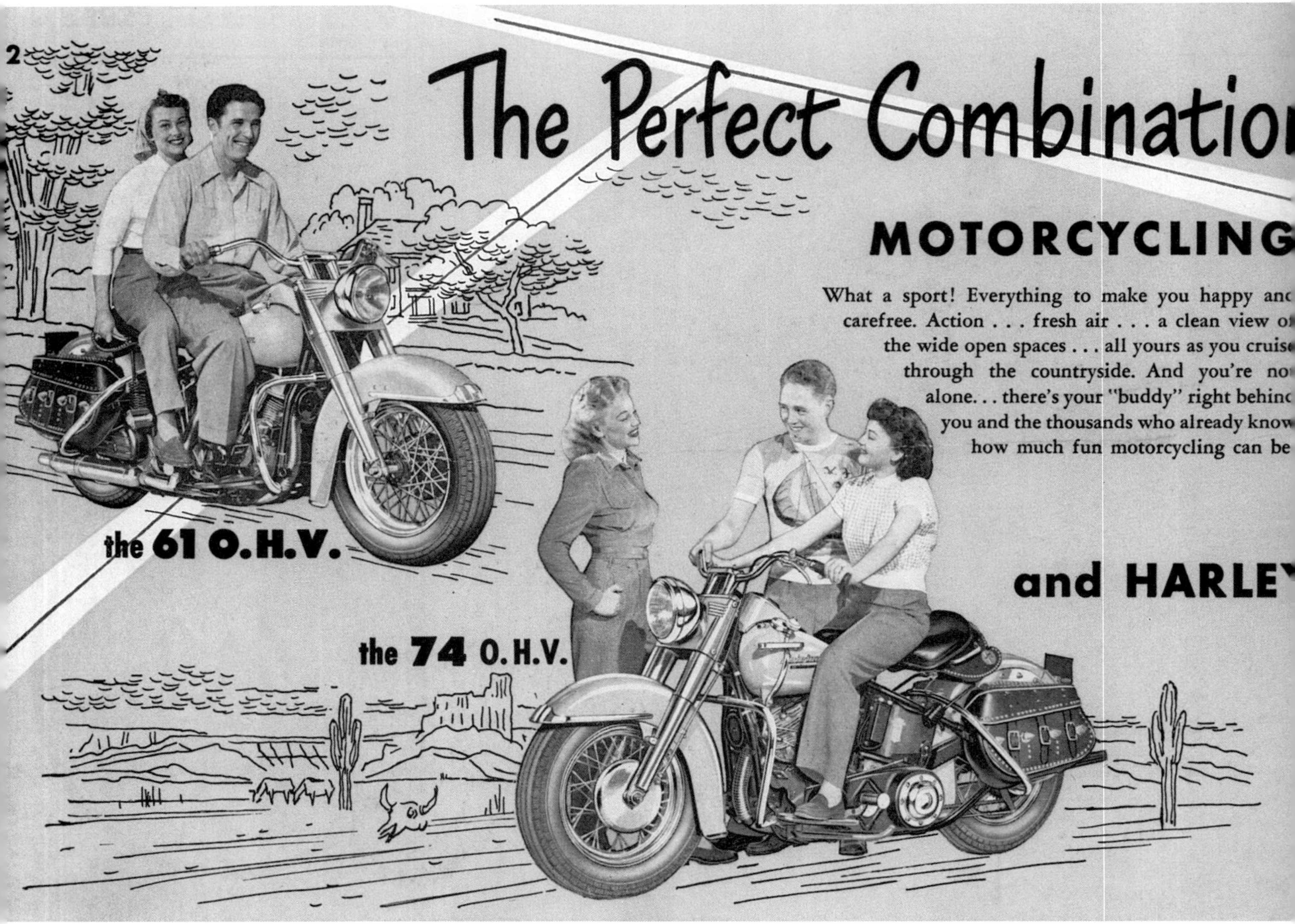

2
The Perfect Combination
MOTORCYCLING
What a sport! Everything to make you happy and carefree. Action . . . fresh air . . . a clean view of the wide open spaces . . . all yours as you cruise through the countryside. And you're not alone. . . there's your "buddy" right behind you and the thousands who already know how much fun motorcycling can be
and HARLEY
the 61 O.H.V.
the 74 O.H.V.

Hier alle 1951er Harley-Modelle auf einen Blick. Selbst die kleine 125 (oben rechts) sieht hier wie eine große Maschine aus — hat sie doch alle ihre Attribute!

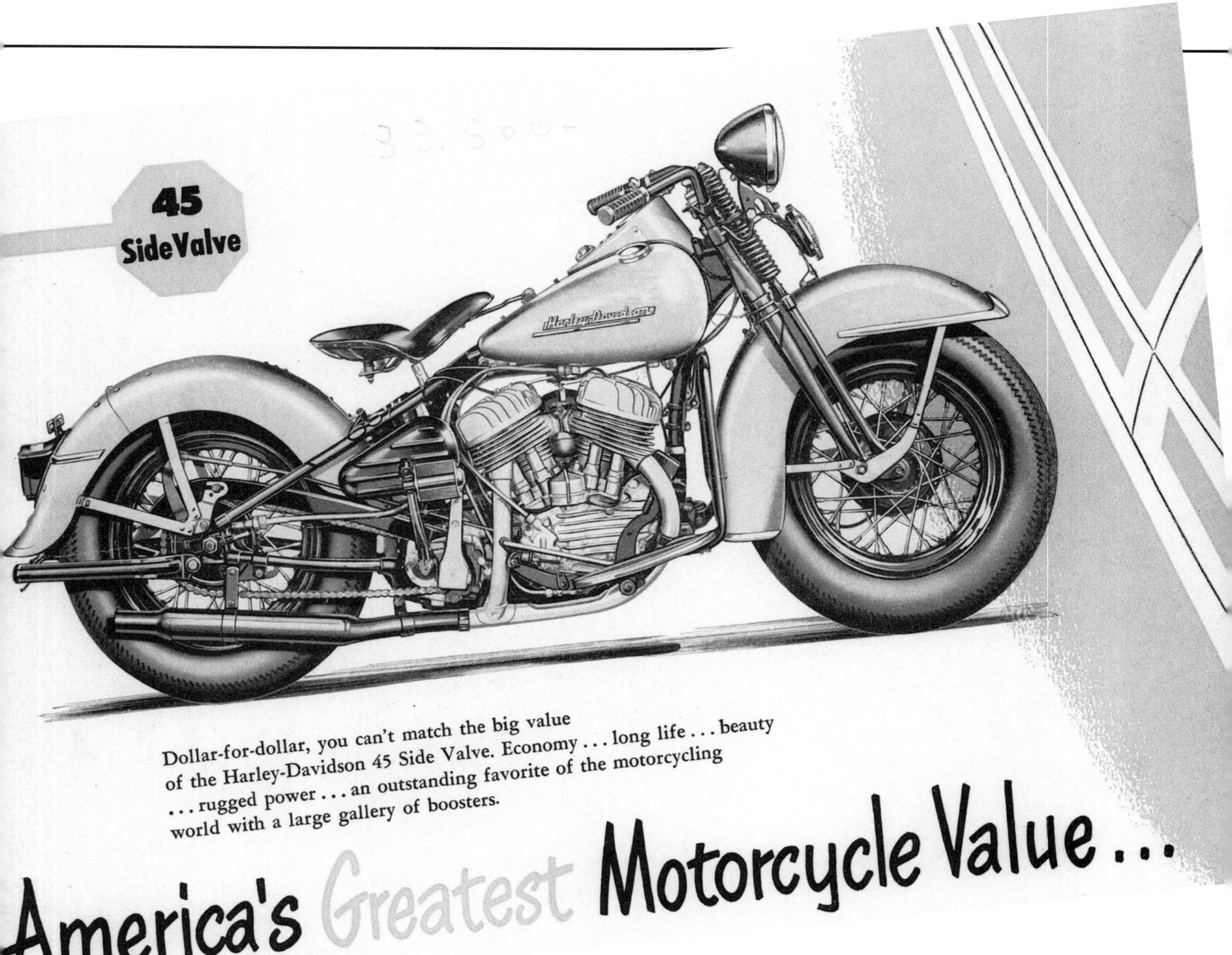

Die 750er (45 SV) gehört inzwischen ebenfalls zu den Klassikern ...

Noch immer aktuell: das Gespann.

Einzelheiten der 1951er Harley-Davidson Twins.

the 74 and 61 O.H.V.

MOTOR—74 cu. in., air-cooled, four-stroke, V-type twin cylinder. Overhead valves in removable, aluminum cylinder heads. Hydraulic valve lifters assure constant tappet adjustment. Cam-ground, aluminum alloy piston with chrome plated compression rings. 1¼" crank pin and 3/16" rollers. All main bearings of retained roller type. Bore, 3-7/16". Stroke, 3-31/32". Horsepower, 53-55.
MOTOR—61 cu. in., air-cooled, four-stroke, V-type twin cylinder. Overhead valves in removable, aluminum cylinder heads. Hydraulic valve lifters assure constant tappet adjustment. Cam-ground, aluminum alloy piston with chrome plated compression rings. 1¼" crank pin and 3/16" rollers. All main bearings of retained roller type. Bore, 3-5/16". Stroke, 3½". Horsepower, 39-42.
CARBURETOR—Linkert, easily adjusted. Venturi opening 1⅛" on "61" and 1-5/16" on "74".
TRANSMISSION—Four speed with constant-mesh gears. Three speed and reverse with sliding low gear available at small extra cost.
IGNITION—Generator, storage battery, spark coil, circuit breaker. Waterproof. No troublesome distributor.
ELECTRIC EQUIPMENT—New, sealed ray headlight with prefocused 32-32 candle-power, double-filament bulb. Dual beam control. High output generator with automatic increase when lights are on. Storage battery. Disc-type horn.
CLUTCH—Super-service, multiple dry disc, left foot-operated.
DRIVE—Motor to transmission by automatically lubricated double-row roller chain. ⅝" pitch roller chain to rear wheel.
FRAME—Extra low, reinforced, double loop, trussed frame made from seamless steel tubing with major fittings drop-forged. Parkerized to resist rust. Wheel base 60½". Theft-proof lock.
FRONT FORKS—Hydra-Glide fork irons out bumps and washboard roads. Load is transmitted by long helical, oil-cushioned springs supported and contained in main tubes. Timken roller bearing steering head bearings.
BRAKES—Front and rear wheel, fully enclosed, waterproof.
TIRES—Goodyear or Firestone, 4-ply, 5.00" x 16" tires available in equipment groups.
SADDLE—Comfortable, form-fitting, mounted on cushion spring, seat post. Foam-rubber padded. Sport solo deluxe saddle with Royalite top at small extra cost.
FINISH—Over rust and corrosion resistant surfaces. Available in Persian Red, Brilliant Black, and Rio Blue. Available at extra cost: Metallic Green, Metallic Blue, and White. Silver for police service only. Frame is finished in black enamel.

the SIDECAR

FRAME—Seamless steel tubing, strongly reinforced and heat-treated at all points of stress. Aluminum passenger step plate attached to frame.
WHEEL—Quickly detachable wire wheel interchangeable with wheels on motorcycle. Roller bearing hub. Alemite lubricated.
TIRE—Goodyear or Firestone; 5.00" x 16" in equipment groups.
BRAKE—Internal expanding, waterproof, operated with rear wheel brake on motorcycle, providing three-wheel braking.
SPRINGS—Two easy-riding, special semi-elliptic with friction strap snubbers.
TREAD—49 inches.
LUBRICATION—Springs and shackles fitted with oil impregnated bushings, require no manual lubrication.
BODY—Beautifully streamlined. Built of heavy gauge, cold rolled auto body steel. Floor covered with composition matting. Luggage compartment. Padded arm rests.
FINISH—Available in Persian Red, Brilliant Black, and Rio Blue. Available at extra cost: Metallic Green, and Metallic Blue, and White. Silver for police service only. All black running gear.

the 125 Model

MOTOR—Single unit motor and transmission. Air-cooled, two cycle, single cylinder. Aluminum head. Linkert carburetor. Aluminum alloy, dome-top piston without deflector. Full-floating, lock-ring retained, 9/16" piston pin. Drop-forged connecting rod with needle bearings on upper end. Main bearings of the ball type. Roller-type connecting rod bearings. Bore, 2.0625". Stroke, 2.281". Compression ratio, 6.6 to 1.
TRANSMISSION—Harley-Davidson three speed. Constant-mesh gears. Foot shift.
LUBRICATION—Engine is lubricated by oil mixed with the gasoline.
IGNITION—Harley-Davidson waterproof, with a 6-pole, 4-brush, shunt generator, voltage regulator, 10 ampere hour storage battery and coil.
ELECTRICAL EQUIPMENT—New, large, 7" prefocused, double filament headlight, dual-beam control from handlebar. Streamlined tail light. Disc-type horn operated from right hand ebar.
CLUTCH—Operates in oil bath, left handlebar lever operated, multiple disc type. Torque capacity, 35 foot-pounds.
FRAME—Single loop, reinforced tubular steel, sturdy construction. Drop-forged steering head, ball bearing steering head bearings. Wheel base, approximately 50".
FENDERS—New, large, better looking more protective fenders. Five inches wide and flared at ends. Makes for over-all streamlined appearance.
FORKS—New, Tele-Glide telescopic spring fork for easy, road-cushioning riding. Sturdy springs absorb road shocks and makes for neat appearing, compact front end construction. Alemite-Zerk fittings on fork bearings.
MUFFLER—New, longer, more effective. Less restriction results in a definite increase in power. End design changed from fish-tail to tubular type.
BRAKES—Large, 5" internal expanding brake on each wheel. Front wheel brake is operated by lever on the right handlebar. Rear wheel brake is right foot operated.
SADDLE—American style, 1½" foam-rubber filled, comfortable, form fitting, bucket type saddle. Top of fine, pliable, weatherproof leather.
FINISH—Over rust and corrosion resistant surfaces. Standard colors: Rio Blue, Persian Red, Sportsman's Yellow. Available at small extra cost: Metallic Green, and Metallic Blue.

the 45 Side Valve

MOTOR—45 cu. in. side valve motor. Air-cooled, four-stroke, V-type. Cylinders, Silicone coated. Removable cylinder heads. Linkert carburetor. Motor develops 23 to 25 horsepower. Bore, 2¾". Stroke, 3-13/16".
TRANSMISSION—Harley-Davidson three speed. Full sliding dog clutches. Constant-mesh design.
IGNITION—Generator, storage battery, spark coil, circuit breaker. No distributor. Waterproof.
ELECTRIC EQUIPMENT—Large 7" headlight with prefocused double-filament bulb. Dual beam control. Built-in tail light. Stop light. High output generator with automatic increase when lights are on. 22-ampere hour storage battery. Disc-type horn.
CLUTCH—Harley-Davidson multiple dry disc; left foot-operated.
DRIVE—Motor to transmission by automatically lubricated, double-row roller chain; ⅝" pitch single-row roller chain to rear wheel.
FRAME—Reinforced tubular steel. Drop-forged and heat-treated head, motor and transmission brackets. Wheel base, 57½".
FRONT FORKS—Main and spring forks of seamless carbon steel tubing. Entire assembly heat-treated. Self-aligning steering head bearings.
TIRES—Goodyear or Firestone. 5.00" x 16" tires available in equipment groups.
BRAKES—Front and rear wheel, fully enclosed, waterproof.
SADDLE—Large, form-fitting, mounted on adjustable, cushion-spring seat post. Foam-rubber padded, covered with genuine leather. Sport solo deluxe saddle with Royalite top at small extra cost.
FINISH—Over rust and corrosion resistant surfaces. Available in Persian Red, Rio Blue, and Brilliant Black. Available at extra cost: Metallic Blue, Metallic Green, and White.

14 HARLEY-DAVIDSON

HOW builds the finest motorcycle you can buy

The finished product is truly something beautiful to see . . . but have you ever stopped to think how much thought, skill and work goes into producing a Harley-Davidson motorcycle? It takes the highest caliber technical knowledge and craftsmanship . . . it takes the finest materials available . . . and it takes the complete cooperation of scores of shop men, designers, clerks and executive help. That's why Harley-Davidson motorcycles are the finest in the field . . . that's why you can be sure of a full measure of pleasure from your efficient and dependable Harley-Davidson. On this page are just a few of the many scientific methods used in producing the world's best motorcycle. These processes demand the most advanced equipment, facilities and machinery that represent an investment of millions of dollars, all to insure the high quality of your Harley-Davidson.

Left—ELECTRONICS
Handlebar grips of the Model 125 are made strong and long-lasting by the magic of electronic silver brazing of attachments.

Right—GAS BRAZING
Gas chemistry technique used in scale-free brazing of Model 125 steering head to frame. Makes for more durable connection.

Left—BONDERIZING
Gas-fired drying oven removes moisture from 5-stage bonderizing system. Bonderizing protects metal surface with phosphate coat.

Right—HONING
Cylinders are honed to within 1/1000 inch of engineer's specifications to give you smoother operation and long motor life.

Die Firma Harley-Davidson war der einzig in den USA überlebende Motorrad-Hersteller und stolz auf seine jahrzehntelange Erfahrung.

Das Zubehörprogramm war bei Harley-Davidson schon immer umfangreich. Und Chromschmuck spielte seit jeher eine besondere Rolle.

13

ACCESSORIES

Chrome-plated spotlights for Hydra-Glide model. Easily mounted on fork. Hi-quality pre-focused bulb. Fog lenses are available.

Gracefully curved chrome rear bumper of durable construction. Protects fender and rear light.

Attractive, all-plastic windshield for Hydra-Glide model. Will not crack or discolor.

Foam-rubber-filled Buddy Seat designed for long hours on the road. Attractive trim. Covered with top-grade leather. Foot rests.

to give you more motorcycling enjoyment . . .

Here are just a few of the many accessory values provided by Harley-Davidson to add to your motorcycling fun. Enhance the beauty of your motorcycle . . . dress comfortably and attractively . . . form a club . . . or give your "buddy" a gift. Your Harley-Davidson dealer will be glad to show you this complete line of fine accessories . . . go in and see him soon.

Attractive, chrome-plated front bumper. Large, well-made. Mudguard protection.

Large, "carry-all" saddle bags. Bright nickel trim and spots. Made of high quality cowhide.

Chrome-plated oil filter keeps oil at top lubricating efficiency. Filters out harmful grit and dust. Adds to engine performance.

*Zweifarbiger Prospekt von 1956.
Vier Jahre zuvor hatte das K-Modell die alte WL abgelöst, 1954 war aus der K eine KH (55 c.i.) geworden.
Mit motorsportlichen Erfolgen warb man besonders gern.*

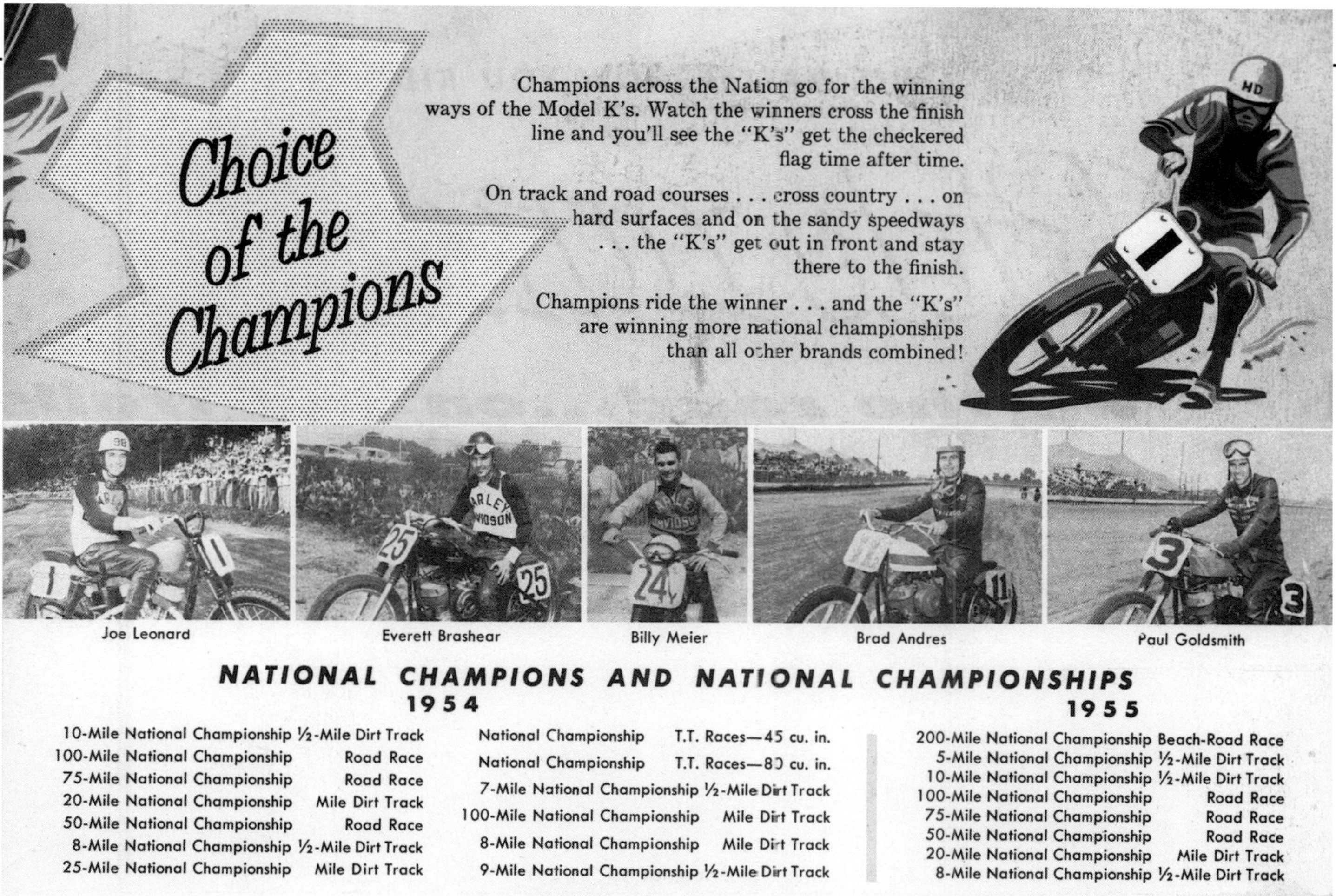

Choice of the Champions

Champions across the Nation go for the winning ways of the Model K's. Watch the winners cross the finish line and you'll see the "K's" get the checkered flag time after time.

On track and road courses . . . cross country . . . on hard surfaces and on the sandy speedways . . . the "K's" get out in front and stay there to the finish.

Champions ride the winner . . . and the "K's" are winning more national championships than all other brands combined!

Joe Leonard — Everett Brashear — Billy Meier — Brad Andres — Paul Goldsmith

NATIONAL CHAMPIONS AND NATIONAL CHAMPIONSHIPS

1954

10-Mile National Championship	½-Mile Dirt Track
100-Mile National Championship	Road Race
75-Mile National Championship	Road Race
20-Mile National Championship	Mile Dirt Track
50-Mile National Championship	Road Race
8-Mile National Championship	½-Mile Dirt Track
25-Mile National Championship	Mile Dirt Track
National Championship	T.T. Races—45 cu. in.
National Championship	T.T. Races—80 cu. in.
7-Mile National Championship	½-Mile Dirt Track
100-Mile National Championship	Mile Dirt Track
8-Mile National Championship	Mile Dirt Track
9-Mile National Championship	½-Mile Dirt Track

1955

200-Mile National Championship	Beach-Road Race
5-Mile National Championship	½-Mile Dirt Track
10-Mile National Championship	½-Mile Dirt Track
100-Mile National Championship	Road Race
75-Mile National Championship	Road Race
50-Mile National Championship	Road Race
20-Mile National Championship	Mile Dirt Track
8-Mile National Championship	½-Mile Dirt Track

Das sportliche K-Modell und seine Erfolge 1954 und 1955. In der 900-ccm-Klasse war diese Maschine mangels Konkurrenz natürlich stets vorn ...

NO MATTER HOW YOU RIDE...
CRUISING
SCRAMBLING...TOUR
Ride number 1 in the
on the road...on the trails
...anywhere
The "K's" are rapidly becoming the most popular motorcycle in America ... riders everywhere are raving about the "do-all" versatility of this exciting series of Harley-Davidsons.
Ride it on the highway ... on winding country roads ... cross country ... on the trails. Ride it anywhere ... any way ... and you'll find it the finest you've ever ridden.
Here's flashing speed ... terrific dig-out ... smooth handling ... and the kind of riding comfort only hydraulic shocks can give you.
The new "K's" are on display at your Harley-Davidson dealer, right now.
See ... and ride the No. 1 motorcycle in the Nation
KHK
Heavier kick starter crank gear plate makes for more positive disengagement of kick starter mechanism.
Smooth operating, seven-plate clutch is built to take it for many thousands of carefree miles.
HARLEY-DAVIDSON MOTOR CO.
Milwaukee 1, Wis. U.S.A.
Increased gear strength and increased number of gear dogs make for even stronger, more durable transmission.
Polished head and
winning ways.

Hemdsärmelig, ohne Schutzhelm… die Sicherheitsbestimmungen, sonst eine amerikanische Domäne, waren damals noch recht locker!

Unten: Die technischen Daten der K-Modelle von 1956. 55 c.i. entsprachen 900 ccm Hubraum, doch Leistungsangaben fehlen!

HARLEY-DAVIDSON **KH · KHK** SPECIFICATIONS

engine—kh model—55 cu. in. air-cooled, four stroke, V-type twin cylinder side valve engine. Removable aluminum alloy cylinder heads. Enclosed valve gear. Low expansion aluminum alloy, cam-ground pistons. Cylinder bores honed and parkerized. Deep cylinder fins extend around intake and exhaust ports for proper cooling. All main bearings retained roller type; double tapered Timken bearings on the sprocket side; straight retained roller bearing on the gear side. Linkert carburetor. The size of the bore is 2¾". The length of the stroke is 4$\frac{9}{16}$.

khk model—Above specifications plus high-lift cams; streamlined, mirror-polished intake and exhaust ports; polished combustion chamber in cylinder heads; needle-bearing roller tappets.

transmission—Harley-Davidson four speed. Incorporated as an integral part of crankcase casting. Sliding dog clutches. Large, rugged gears for durability. Constant-mesh design. Foot shift, hand clutch.

lubrication—Circulating lubrication system with gear-type pressure pump and gear-type scavenger pump with pressure feed direct to cylinder walls. Transmission and front chain lubricated by oil supply separate from engine. All other bearings Alemite-Zerk fitted

ignition—Two-brush shunt, voltage controlled generator, storage battery, spark coil, circuit breaker. Easy starting and waterproof.

clutch—Harley-Davidson multiple dry disc. Left hand operated.

drive—Motor to transmission by ⅜" pitch triple chain running in oil bath and adjusted by sliding shoe. ⅝" pitch single-row roller chain to rear wheel.

rear suspension—Swing-arm type sprung by means of two helical coil springs and controlled by means of two hydraulic, automotive type shock absorbers, all enclosed in chrome covers. Pivot point of swinging arm is supported by pre-loaded Timken bearings.

front fork—Easy riding hydraulic fork. Load is transmitted by long helical springs supported and contained in main tubes, hydraulically dampened by oil of high viscosity index. Hydraulic stops are provided in both recoil and cushion positions.

tires—Goodyear or Firestone, 3.50 x 18.

brakes—Fully enclosed, front and rear brakes with molded anti-score lining. Front and rear brakes 8" in diameter and 1" wide.

tanks—Extra large welded heavy gauge steel gas tank with center filling cap. Capacity: 4½ gals., with reserve in addition. Reserve controlled by two-way gas valve with fuel strainer. Welded heavy gauge steel oil tank. Capacity: 3 quarts, with provision for filter. Oil tank has secure, screw-down provision.

special equipment—This model available with the Deluxe Group.

finish—Harmonizing two-tone color styling: Pepper Red with White tank panel; Atomic Blue with Champion Yellow tank panel; Champion Yellow with Black tank panel and Black with Champion Yellow tank panel. See your Harley-Davidson dealer for other available colors and color combinations. Chrome and stainless steel trim.

Ask your Harley-Davidson dealer about his liberal trade-in allowances and easy-pay plans

Harley-Davidson-Import
seit 1924

GEORG SUCK
Hamburg-St.
Hagenbeckstr. 1-5 - Ruf 40 85 65

Motorradwandern und Clubtreffen waren die Dimensionen sportlicher Betätigung. Die „alternative" Motorrad-Szene war noch kein Thema, die Welt war heil und ohne Hell's Angels ...

Happy Days — das Motto der mittfünfziger Jahre. Korea war vorüber, mit der Wirtschaft ging es überall voran. Und auch die Einzylinder 125er war noch aktuell.

1960/61 verzeichnete Harley-Davidson das beste Umsatzergebnis in seiner Geschichte.

1966 kam der elektrische Starter. Harley-Davidson hatte ihn beim Sportster-Modell H eingeführt: „Das heißeste Ding auf zwei Rädern!". Alle Modelle hatten jetzt auch 10 bis 15 Prozent mehr Leistung.

Photographed at world-famous Wisconsin Dells.

SPORTSTER H BRIEF SPECIFICATIONS

ENGINE — SPORTSTER XLH — 55-cu.-in., air-cooled, four-stroke, V-type, twin-cylinder, overhead-valve engine. The size of the bore is 3". The length of the stroke is 3-13/16". Enclosed valve gear. Large intake valves. Low-expansion, special 9-to-1, high-dome, aluminum alloy, cam-ground pistons. Cylinder bores are honed. Cylinder heads with large intake port openings. Hi-Lift cams. Lightweight-racing-type tappets. Deep cylinder fins extend around exhaust ports for proper cooling. All main bearings retained roller type; double-tapered Timken bearings on the sprocket side; straight retained roller bearings on the gear side. Linkert carburetor.

TRANSMISSION — Harley-Davidson four-speed. Incorporated as an integral part of crankcase casting. Sliding dog clutches. Large, rugged gears for durability. Constant-mesh design. Foot shift, hand clutch.

LUBRICATION — Circulating lubrication system with gear-type pressure pump and gear-type scavenger pump. Transmission and front chain lubricated by oil supply separate from engine. All other bearings Alemite-Zerk fitted or prepacked.

IGNITION — Two-brush shunt, voltage-controlled generator; storage battery; spark coil; circuit breaker. Easy-starting and waterproof.

CLUTCH — Harley-Davidson multiple-disc. One-piece clutch discs. Left-hand-operated.

DRIVE — Motor to transmission by 3/8" pitch triple chain running in oil bath and sliding shoe tension control. 5/8" pitch, single-row roller chain to rear wheel.

REAR SUSPENSION — Swing-arm-type, sprung by means of two helical coil springs and controlled by means of two hydraulic, automotive-type shock absorbers, all enclosed in chrome covers. Pivot point of swinging arm is supported by pre-loaded Timken bearings.

FRONT FORK — Easy-riding hydraulic fork. Load is transmitted by long helical springs supported and contained in main tubes, hydraulically damped by oil of high-viscosity index. Hydraulic stops are provided in both recoil and cushion positions.

TIRES — Goodyear or Firestone, 3.50 x 18".

BRAKES — Fully enclosed front and rear brakes with molded anti-score lining. Front and rear brakes 8" in diameter and 1" wide.

TANKS — Extra-large, welded, heavy-gauge steel gas tanks with center filling cap. Capacity: 3¾ gals., including reserve. Reserve controlled by two-way gas valve with fuel strainer. Welded, heavy-gauge steel oil tank. Capacity: 3 quarts, with provision for filter. Oil tank cap has secure screw-down provision.

FINISH — Harmonizing two-tone color styling: Black, Pepper Red, Hi-Fi Blue, Hi-Fi Red or Hi-Fi Green with Birch White tank panel. See your Harley-Davidson dealer for other available colors and color combinations. Chrome and stainless steel trim.

SPORTSTER CH SPECIAL SPECIFICATIONS

ENGINE — SPORTSTER XLCH — Same as the SPORTSTER H with the following features included: Fairbanks-Morse vertical magneto with standard SPORTSTER generator and voltage control regulator for horn and lighting.

TRANSMISSION—Harley-Davidson four-speed. Incorporated as an integral part of crank-case casting. Sliding dog clutches. Large, rugged gears for durability. Constant-mesh design. Foot shift, hand clutch.

High gear ratio — 1.00 to 1
3rd gear ratio — 1.38 to 1
2nd gear ratio — 1.83 to 1
Low gear ratio — 2.52 to 1

TIRES — Goodyear Grasshopper tread.
Front — 3.25-3.50 x 19 Rear — 4.00 x 18

SADDLE — Regular SPORTSTER type.

SPROCKETS — Overall ratio in high gear — 4.42 to 1

34-tooth engine sprocket
59-tooth clutch sprocket
20 tooth mainshaft sprocket
51-tooth rear wheel sprocket

FENDERS — Shortened front and rear fenders.

GASOLINE TANK — Capacity: 2¼ gallons.

OIL TANK — Capacity: 3 quarts.

COLORS — Available in all 1961 color combinations.

DM 4785.-- ab Freihafen Hamburg ,Zoll: DM 1126.--

GEORG SUCK
Kraftfahrzeuge
Hamburg Hagenbeckstr. 1

Die Sportster H wurde ein großartiger Erfolg. Diese 900er hatte indessen ein sehr europäisches Aussehen, vielleicht lag das am Einfluß der Aermacchi, die jetzt zur Harley-Davidson-Firmengruppe zählte.

1 FOR THE ROAD!

a bold new challenge is born!

1968 HARLEY-DAVIDSON SPORTSTERS

SPORTSTER H & CH

either way, you'll meet excitement face to face.

Sportster. The road machine that's all snap. World's dragster record-holder. The kind of 900 cc power package that immediately takes charge of any situation. Quick. Confident. And explosive. Sportster's the kind of machine the others are still wishing they could put together. And after you've become familiar with its push-button electric starting, (XLH only), 12-volt power plant, and four-speed, constant-mesh box, you'll begin to wonder why they just don't give up trying. With Sportster on the scene, who stands a chance?

Rechts und links weitere Seiten aus dem Prospekt, dessen Titel Seite 68 wiedergibt. Zu den Neuerungen für 1968 zählten eine neue Gabel, Veränderungen am Motorengehäuse, an den Stoßdämpfern. Der Motor leistete 58 PS.

ENGINE IMPROVEMENTS – New case styling on both models. On XLH, elimination of starter pedal. On both, new Speedo drive for '68.

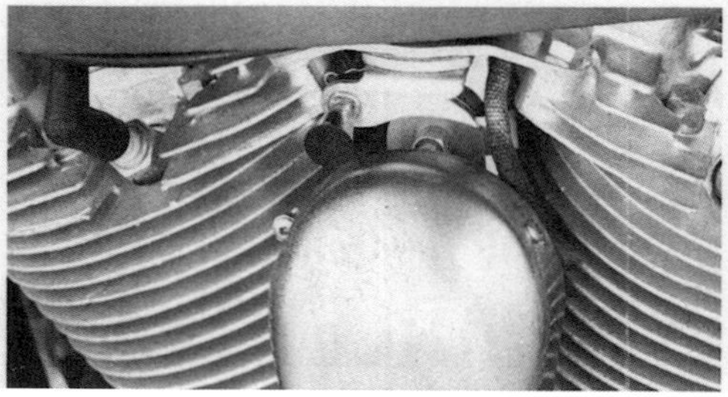

SHOCK ABSORBERS – Racing-type "shocks" were designed to give you the kind of road-hugging stability you need when the going gets tough.

SPORTSTER H & CH

when you're man enough to step up to some real two-fisted action.

Here's the one machine that really separates the men from the boys. Endless raw power for the most fierce excitement. Features a new speedometer to handle speeds up to 150 MPH, improved hydraulic front forks, and a new speedo drive shaft. How about it? Are you cut out to tame 900 cc's of hustle in the palm of your hand? If so, then there's only one more question. Will it be a Sportster H or CH?

SPORTSTER H & CH SPECIFICATIONS

	SPORTSTER H	SPORTSTER CH
Engine Type	OHV V-Twin	OHV V-Twin
Bore and Stroke, Inches	3 x 3.8125	3 x 3.8125
Displacement, Cubic Inches	55	55
Displacement, Cubic Centimeters	900	900
Compression Ratio	9:1	9:1
Horsepower	58 hp @ 6800 rpm	58 hp @ 6800 rpm
Clutch Type	Multiple Plate. Dry Disc	Multiple Plate. Dry Disc
Primary Drive	Triple Chain	Triple Chain
Final Drive	Single Chain	Single Chain
Transmission	Footshift Constant Mesh 4-speed	Footshift Constant Mesh 4-speed
Gear Ratio, Overall 4.	4.42:1	4.42:1
3.	6.11:1	6.11:1
2.	8.08:1	8.08:1
1.	11.16:1	11.16:1
Brake Diameter—Front, Inches	8	8
Brake Diameter—Rear, Inches	8	8
Tire Size—Front	3.50 x 19	3.50 x 19
Tire Size—Rear	4.00 x 18	4.00 x 18
Wheelbase—Inches	58½	57
Saddle Height, Inches	30½	30½
Minimum Ground Clearance	4⅛	4⅛
Weight—Pounds	530	452
Gas Capacity—Gallons	3.96	2.25
Oil Capacity—Quarts	3	3
Electrical Equipment	Battery, Generator, Coil, Regulator, Headlight, Tail light, Stop light, Horn.	

HARLEY-DAVIDSON MOTOR CO.,
Milwaukee, Wisconsin 53201

Harley-Davidson engineers took a page out of the latest jet aircraft design book . . . came up with **Jet-Silhouette.** It's a new lean and low look that hits a new high in motorcycle style and performance.

Jet-streaming lowers the center of gravity . . . gives you a new balance of power by reducing air resistance to an absolute minimum. And it's styling that makes a clean break with the past — **one** clean sweep from front fender to tail light.

NEW DOUBLE-DUTY SEAT — Puts you low in the saddle! Take to the road or ride in the rough — you can really lean into it on the Sportster's new double-duty seat. Straightline design, cradled between tank and fender, puts you at your ease for real down-to-earth riding pleasure.

Puts you two in the saddle! There is room for you — or two. Foam-rubber construction takes the bumps out of any rocky road ahead. However, if you're a bucket-seat man, conventional saddle is available as optional equipment.

Sehr untypisch und mit Sicherheit europäisch beeinflußt war die neue Sitzbank. Aber der gute alte Cowboysessel mit Fransen und Nieten paßte schlecht zu einem betont sportlichen Motorrad!

Inserat aus dem Jahre 1969. Eine neue Modellbezeichnung taucht auf: Rapido. Zweifellos eine Anleihe an die aus Italien kommende Harley-Aermacchi. Die kleine 125er hatte sich zur 175-ccm-Maschine gemausert. 1969 war auch das Jahr der Eingliederung der Firma in die AMF-Gruppe.

Titelseite eines Prospektes für die Modellpalette 1971.

Mit Patriotismus zu neuen Ufern: Man gibt sich betont „amerikanisch". Auch Harley-Davidson mußte gegen japanische Konkurrenz antreten.

ELECTRA GLIDE. 1200cc OHV V-twin. 12-volt alternator. Bore, 3.437. Stroke, 3.969. 8:1 CR. Multi-plate dry clutch. 4-speed gearbox. Tires; 5.10 x 16 front and rear. Wheelbase, 61.5". 690 lbs.

SPORTSTER XLH. 900cc OHV V-twin. 12-volt system, electric starter. Bore, 3.00. Stroke, 3.81. 9:1 CR. Multi-plate wet clutch. 4-speed gearbox. Tires; 3.75 x 19 front, 4.25 x 18 rear. 4-gal tank. Wheelbase, 58.5". 508 lbs.

SPORTSTER XLCH. 900cc OHV V-twin. 12-volt electrics. Bore, 3.00. Stroke, 3.81. 9:1 CR. Multi-plate wet clutch. 4-speed gearbox. Tires; 3.75 x 19 front, 4.25 x 18 rear. 2.25-gal tank. Wheelbase, 58.5". 460 lbs.

XR 750 RACER. 750cc OHV V-twin. Fairbanks-Morse magneto. Bore, 3.00. Stroke, 3.22. 9.5:1 CR. Multi-plate dry clutch. 4-speed gearbox. 4130 steel frame. Fiber glass tank, seat/fender unit. Tires; 4.00 x 19 front and rear. Ceriani fork, Girling shocks. 312 lbs dry.

SPRINT SS350. 350cc OHV single. Bore, 2.91. Stroke, 3.15. 9:1 CR. Multi-plate dry clutch. 4-speed gearbox. Tires; 3.25 x 19 front, 3.50 x 18 rear. Wheelbase, 53.75". 311 lbs.

SPRINT ERS. 350cc OHV single. 1/2-speed Bendix-Scintilla magneto. Bore, 2.91. Stroke, 3.15. 10.5:1 CR. Multi-plate dry clutch. 4-speed gearbox. Tires; 3.50 x 19 front, 4.00 x 18 rear. Wheelbase 54". 259 lbs.

RAPIDO. 125cc 2-stroke single. Bore, 2.21. Stroke, 1.97. 7.65:1 CR. Multi-plate wet clutch. 4-speed gearbox. Street and trail sprockets. Tires; 3.00 x 18 front, 3.50 x 18 rear. Wheelbase, 48". Ground clearance, 6.3". 211.5 lbs.

BAJA 100. 100cc 2-stroke single. Bore, 1.97. Stroke, 1.97. 9.5:1 CR. Multi-plate wet clutch. 5-speed gearbox. Tires; 3.00 x 21 front, 3.50 x 18 rear. Ground clearance, 11.7". Wheelbase, 51.2". 212 lbs.

LEGGERO. 65cc 2-stroke single. Bore, 1.732. Stroke, 1.654. 9:1 CR. Multi-plate wet clutch. 3-speed gearbox. Tires; 2.50 x 17 front and rear. Ground clearance, 5". Wheelbase, 44.8". 134.5 lbs.

Die Auswahl an Modellen ist groß, Harley bietet für jeden etwas — sogar eine 100-ccm-Geländemaschine (Baja), aber nach wie vor schwere 1200er. Die Maschinen mit liegendem Zylinder sind reinrassige Italiener.

Freiheit auf zwei Rädern: Die XT 125 von 1973 und ihre Nebenbuhlerin SXT 125, betont Offroad, mit Fünfgang-Getriebe und Sportfahrwerk (rechte Seite).

Die flotte Zweitakt-125er in Sportausführung, hier auf einem Prospekt für den britischen Markt.

SXT-125

Das Kraftbündel für Straße und Gelände!

Harley-Davidson hat die SXT 125 in bewährter Weise für zwei Funktionen gebaut: als Straßen- und als Geländemaschine. Das Resultat ist eine Maschine, die alle Baumerkmale ihrer "Großen Brüder" aufweist. Viele Bauteile sind die gleichen, wie bei der Harley-Davidson SX-250. Die SXT ist also keine aufgemöbelte 90er oder 100er – sie ist ein ganzes Motorrad!

Für einen so kleinen Hubraum ist die Leistung des Zweitakters mit automatischer Öleinspritzung einfach sagenhaft: Die Kraft des Motors läßt vergessen, dass "nur" 125 cc zur Verfügung stehen. Die SXT fühlt sich dennoch handlicher an, als die meisten 125er.

Dazu weist diese Maschine viele hervorragende technische Merkmale auf: schnelle und leichte Kettenspannung, wie bei Motocrossmaschinen; Sport-Vorderradgabel; dreifach verstellbare Federbeine hinten; automatischer Kettenspanner; Solid-State Zener Diode und Regler/Gleichrichter Elektrik; Fünfganggetriebe.

Und das ist noch nicht alles: Doppelrohrrahmen; verstellbarer Tageskilometerzähler; tiefer, gut gepolsterter Sattel; Bodenfreiheit von über 20 cm; wärmeableitende, verchromte Zylinderwand; Sicherheits-Reflektoren an beiden Seiten; Fußrasten für den Sozius; voll verstellbarer Scheinwerfer; Gummi-Schallabdämpfung für den Zylinder;

Sicherheits-Abstellschalter; großer Kraftstofftank für 10,5 Litre kraftstoffsparendes und sauberes 50:1 Gemisch.

Hervorragend auf der Straße – hervorragend im Gelände! Harley-Davidson bietet beides in einer großen 125er. Die SXT gewinnt, sie ist von Harley-Davidson.

SXT 125

Technische Daten

Motor	Zweitakt-Einzylinder
Bohrung und Hub	56,13 × 50,04 mm
Hubraum	123 ccm
Verdichtungsverhältnis	10,8:1
Kupplung	Mehrscheiben-Ölbadkupplung
Vergaser	Dell'Orto 27 mm Ø
Getriebe	5-Gang
Gesamtübersetzungen	
1. Gang	29
2. Gang	18,3
3. Gang	13,2
4. Gang	10,6
5. Gang	8,5
Hinterradfederung	dreifach verstellbar
Bremsen, vorn und hinten	135 mm Ø
Luftfilter	Nassluftfilter
Kraftstoff-Füllmenge	ca. 10,5 liter
Reifengrösse, vorn	3.00 × 19
Reifengrösse, hinten	3.50 × 18
Radstand	1359 mm
Bodenfreiheit	218 mm
Gesamtlänge	2080 mm

- Fünfganggetriebe
- Automatische
- Öleinspritzung
- Dreifach verstellbare Federbeine
- Kettenspanner
- Doppelrohrrahmen

AMF Harley-Davidson

Technische Änderungen ohne Ankündigung vorbehalten. Weitere Informationen erhalten Sie gern von Ihrem Harley-Davidson Händler.

Printed in England

Deutsche Version des SXT-Prospektes.

Patriotismus auch hier, in einem Prospekt, der 1974 herauskam. Häßliche ausländische Konkurrenz — ?

X·90 It's little but it has a big heart. A full 90cc two-stroke engine. With metered oil injection and a four-speed box. It also features fold down handle bars, spark arrestor muffler, new front fork, hydraulic rear shocks and true motorcycle suspension. Light enough to truck it to where you want to go. Then fire her up and go some more.

Z·90 Double duty goodtime machine. Searches out freedom in town and out of town with an oil-injected, two-stroke single. It's got a four-speed trans, new aluminum brake hubs, rear shocks, turn signals and full electrics. Redesigned speedometer and mount, new front fork and brake, and smartly styled seat and tank rest on a sturdy double downtube frame. It's strong! And spark arresting muffler makes it quiet.

SR·100 Brute Freedom! You gotta like hard riding and racing to appreciate the SR-100. Lighter and faster, carries an aluminum cylinder, two-stroke single. Five-speed trans, Ceriani front fork, new labyrinth-sealed brake hubs, 10.8″ clearance, and you can see why it ran rough-shod over Mexico. And consistently wins in scrambles, moto-x and hare 'n' hounds. Tough dude, our SR-100.

XL·1000 The twin of the XLCH-1000. But with a quicker way to get to freedom. Electric start. Otherwise, same four-stroke, V-twin power. New quick throttle and new racing-style, fade-resistant hydraulic disc brake, up front. All new "Security System" cycle alarm, load-variable rear shocks, speedometer, tachometer, beefier front fork and unitized handlebar controls including rocker-action safety switch.

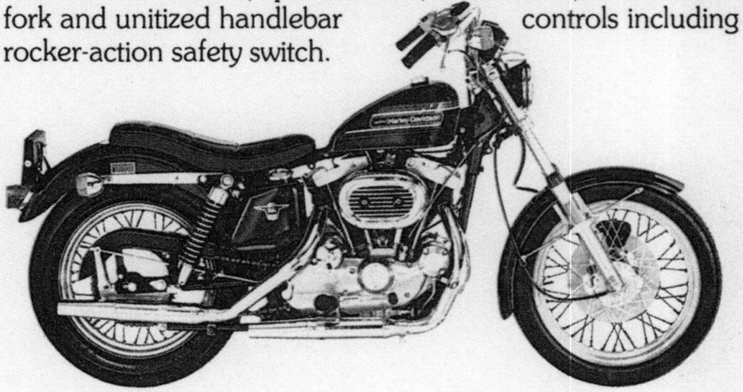

New SX·175

Here's our newest Freedom Cycle. A two-stroke single, oil-injected, chrome bore, aluminum cylinder, on-road, off-road machine; with a five-speed trans. It grooves up to eighty miles an hour. With adjustable rear shocks, tachometer, speedometer, breakerless CDI ignition, solid state regulator/rectifier, 12 volt alternator. It's got moto-cross type fork and labyrinth seal brake hubs. Our newest way to have freedom and fun!

SX·125

Takes on city traffic or country trails. Powered by an aluminum cylinder, two-stroke single with metered oil injection. Put her thru her paces with a five-speed trans and ride in comfort with adjustable rear shocks. Solid state electronics, 12-volt alternator, turn signals and reset speedometer. Freedom, sweet freedom!

SS·350

City slicker. And how! Rip-roarin' 350cc four-stroke power cycle. With a five-speed transmission, electric start and five-way adjustable rear shocks. Racing-style double leading shoe front brake. Double downtube frame for strength. Advanced muffler design for quiet. Plus speedometer, tach and turn signals. What a way to go! Why not take a friend?

SX·350

Here's a jewel that'll flatten out country roads like they're city streets. Just touch it, and go. That's what electric start will do for you. A five-speed box and big 350cc engine will really carry you on to freedom. Naturally, turn signals, alternator are part of the deal. And all that freedom and grace are nestled on a double downtube frame. With crossbraced handlebars, five-way adjustable rear shocks and block trial tires. Ride on!

FLH·1200 This is it! Nobody can take you higher! Because no one else has 74 cubes of power packed into a four-stroke, V-twin. It's always ready to run. Wherever freedom is. Without worries. It has a full-flow oil system, new "Security System" cycle alarm, 12-volt alternator, solid-state rectifier/regulator and exclusive fade-resistant hydraulic disc brakes, front and rear. Complete instrumentation is standard.

XLCH·1000 You've got to be a man to handle this four-stroke, V-twin power cycle. We kid you not! On the street or in competition. It will roll! Rugged front fork, new quick throttle, new racing-style, fade-resistant hydraulic disc brake, up front. New "Security System" cycle alarm. Unitized handlebar switches including rocker-action safety switch. Traditional kick start tells you right from the beginning you've got a hell of a cycle.

New FXE·1200 A really sweet freedom ride. Fully instrumented with new electric start. Big, powerful...an ego trip if there ever was one. 1200cc performance makes this four-stroke, V-twin get up and go. New shift mechanism, big gas tank, dual exhaust system, speedometer, tachometer, new "Security System" cycle alarm and exclusive fade-resistant disc brakes, front and rear. The front brake is an all new racing-style brake. Also, safety rocker switch, new quick throttle control and heavy-duty front fork assembly.

FX·1200 Another mind-blowing muscle machine. It's got all that great gear just like its twin brother, except for electric start. 1200cc power, four-stroke, V-twin, fully instrumented, speedometer and tach, new quick throttle control, new shift mechanism, new "Security System" cycle alarm and exclusive fade-resistant disc brakes, front and back. Front brake is an all new racing-style brake. This baby will roll!

Where it counts, we're No. One.

Number 1 Speed Record—set by Harley-Davidson.

It happened in 1970. 265.492 mph! Our Cal Rayborn did it. With a specially-designed, V-twin overhead out on the Bonneville Salt Flats. Others have tried since. With three and four cylinder models. Even with two engines on one motorcycle. No record stands forever, but it's awfully nice to be first.

Harley-Davidson. 1st to crack the 9-second, 1/4-mile barrier.

Nobody could beat the long-standing 9-second record for the ¼-mile drag until Joe Smith came along. He did it on a Harley-Davidson V-twin. In 1971. He was clocked at 8.97 seconds (166.05 mph).

Harley-Davidson. No. 1 A.M.A. for 1973.

Harley-Davidson won the coveted A.M.A. Manufacturers Cup for '73. Top honors! Earned through team effort. Super riders. Machines built and maintained with integrity. Team spirit and pride. And engineering to back them up to beat out the best from every land. The very same combination of qualities that have made Harley-Davidson motorcycles outstanding for over 70 years. Every Harley-Davidson owner wins. Every time he rides.

Harley-Davidson riders—Mark Brelsford 1973 A.M.A. Grand National Champion... Cal Rayborn, another No. 1.

Unassuming Harley-Davidson team rider Mark Brelsford took the points, race after race, to win the coveted A.M.A. No. 1 plate for his bike. And the readers of **Motorcycle Weekly** awarded him another No. 1 when they voted him their Man of the Year.

The staff of **Cycle Magazine** chose another Harley-Davidson rider, Cal Rayborn, as their Rider of the Year. Because of his 3 firsts and 3 seconds in European racing, plus his many wins on home ground.

We can make the machines. But it takes a special kind of guy, like Mark and Cal, to make us look this great.

Harley-Davidson. No. 1 Machine.

The award came from **Motorcycle Weekly.** And the bike had to be the XR-750. The one on which Mark Brelsford blazed his way to the Grand National Championship. The one Scott Brelsford tamed to become Top Junior of the Year. XR-750. Undoubtedly the Machine of the Year. Winner more times than any other make.

Harley-Davidson Dealers, wonderful guys to know.

They're everywhere. Enthusiastically interested in you and your machine. They're motorcycle enthusiasts, they understand bikes. All of them. So, even if you're not fortunate enough to own a Harley-Davidson now, get to know our Dealers. They'll understand you. And they've got the factory-trained personnel and precision parts to keep your motorcycle going stronger, longer. Check them, too, for current hot accessories and clothing. They're much more than just another dealership.

They're Harley-Davidson Great American Freedom Headquarters. You'd better believe it.

Harley-Davidson parts and service, 1st wherever you go.

Replacement parts, identical with original Harley-Davidson components, are never farther away than your Harley-Davidson Dealer.

If you're a mechanical buff, enjoy working on your bike with our parts. But, if you're not, or if you need serious attention, the Harley-Davidson mechanic is the man to see. He's knowledgeable, factory-schooled. But the nicest thing about a Harley-Davidson is that it won't need much attention.

But drop in anyway and see what's new in motorcycling.

AMF Harley-Davidson
AMF Building
25-28 Old Burlington Street
London, W1X 2BA.

Harley-Davidson Motor Co., Inc. reserves the right to discontinue models or change specifications or designs at any time without notice and without incurring obligation. For more information, see your Harley-Davidson Dealer. AMF Harley-Davidson, AMF Building, 25-28 Old Burlington Street, London, W1X 2BA.

AMF Harley-Davidson

HARLEY-DAVIDSON

The Great American Freedom Machines.

Ein für den britischen Markt veröffentlichter Prospekt von 1974. Die Engländer hatten indes keine besondere Vorliebe für amerikanische Motorräder ...

Die Electra Glide FLH-1200

Komfort auf Rädern, fast wie zuhause. Extras eingeschlossen.

Langstrecke und Zuladung sind zwei Begriffe mit besonderen Dimensionen. Die Harley-Davidson Konstrukteure haben das Problem konsequent durchdacht und das Ergebnis steht vor Ihnen: Electra Glide FLH 1200.

Der Motor hat – erneut im Detail verbessert – das fast schon legendäre Drehmoment, das bereits bei untersten Drehzahlen machtvoll einsetzt.

Der kraftstrotzende Zwei-Zylinder-V-Motor, die superstarke Hochleistungsfederung, die breiten Superreifen (übrigens mit hübscher Weißwand) und die mannigfachen Möglichkeiten, das Gepäck zu verstauen, sind die Komponenten, die bei der Electra Glide FLH 1200 den Transport von Mensch und Material zum Vergnügen machen.

Fahren heißt hier Fahrkomfort erleben. Nach wie vor ist unser Sattel * der einzige in der Motorradbranche, der durch Schraubenfedern und Stoßdämpfer gegen den Rahmen separiert ist. Es gibt eben keine Kompromisse, weder im Detail noch in der Gesamtkonzeption: Ihre Füße z.B. ruhen auf ordentlichen Trittbrettern und nicht wie anderswo auf den dünnen Sprossen einer Hühnerleiter.

Ein Fairing mit Windshield, seitliche Packtaschen mit Schutzrahmen und ein solider Gepäckträger zeigen unsere Art, eine Langstreckenmaschine zu konzepieren, zu bauen und zu verkaufen. Packen und abfahren, kein Stop beim Zubehörhändler.

Je weiter Sie von zu Hause weg sind, desto mehr wissen Sie die Feinheiten der Electra Glide 1200 zu schätzen. Die wartungsfreie und kontaktlose Zündanlage z.B. garantiert beste Starteigenschaften und einen hohen Ausnutzungsgrad des Kraftstoffes.

Der Langstreckenfahrer wird bei Harley-Davidson als besonders anspruchsvoller und wichtiger Kunde angesehen, jedes seiner Bedürfnisse soll durch eine totale, verpflichtende Auffassung von Konstruktionsprinzipien und sorgfältige Beachtung aller Details bedacht werden: Komfort und die Fähigkeit, genügend Ausrüstung mitzuführen. Dies ist der Grund, warum immer mehr Motorrad-Fahrer, nachdem sie sich das Angebot anderer Langstrecken-Maschinen angesehen haben, eine Harley-Davidson kaufen.

FLH-1200

HARLEY-DAVIDSON

Technische Daten

* Im Modelljahr 1979 ist auch ein am Rahmen montierter Tief-Sattel lieferbar (siehe Abbildung).

Reifengröße, vorn + hinten	MT90 × 16T
Radstand	1550 mm
Sattelhöhe (separat gefedert)	806 mm
Sattelhöhe (rahmenmontiert)	711 mm
Bodenfreiheit	118 mm
Gesamtlänge	2362 mm
Motortyp	Zwei-Zylinder-V-Motor, OHV
Bohrung Hub	87/101 mm
Hubraum	1200 cm³
Drehmoment	87,7 NM/3550 U/min
Verdichtungsverhältnis	8 : 1
Vergaser	Ø 38 mm
Kupplung	Mehrscheiben-Trockenkupplung
Primärantrieb	Duplex-Kette

Sekundärantrieb	Kette
Getriebe	Viergang, Dauereingriff
Zündanlage	kontaktlos, elektronisch
Gesamtübersetzungen 1. Gang	10,74
2. Gang	6,50
3. Gang	4,39
4. Gang	3,75
Durchmesser der Bremsscheibe (vorn + hinten)	254 mm
Kraftstofftank	19 Liter
Öltank (Trockensumpfschmierung)	3,78 Liter
Elektrische Anlage	12 V
Lichtmaschine mit Regler/Gleichrichter, transistorisiert	
Leergewicht	326 Kg

MOTOR HARLEY-DAVIDSON CYCLES 1903 1978 75 TM

AMF Harley-Davidson

Abgebildetes Modell zeigt US-Ausführung. Aufgrund gesetzlicher Bestimmungen anderer Länder sind Abweichungen möglich. Änderung von Ausstattung und Konstruktion ohne vorherige Bekanntgabe jederzeit vorbehalten. Weitere Informationen gibt Ihnen Ihr Harley-Davidson-Händler.

Harley-Davidson feierte 1978 sein 75jähriges Bestehen. Die Electra Glide war jetzt auf 1340 ccm Hubraum erweitert worden (80 Kubikzoll). Aber die „kleinen" Modelle gab es nicht mehr, die Einzylinder hatte man zugunsten der Twins aus dem Programm genommen.

The 1979 Electra Glide "Classic" with Sidecar

The unequalled prestige of riding a 1979 Electra Glide "Classic" can only be enhanced by showing off the enviable utmost in touring fun: The 1979 Electra Glide "Classic" with Sidecar.

Designed by Willie G. Davidson for availability as a complete vehicle unit, the 1979 limited edition Electra Glide "Classic" with Sidecar is Willie G.'s "piece de resistance" – for the die-hard tourist who *thought* he had everything. The two-tone tan and creme color scheme and hand-applied brown pinstriping which perfectly match the "Classic" are just the beginning. Willie G.'s eye for making the unusual dramatic insisted upon equipping the Sidecar with the same black cast mag wheel that you see on the "Classic".

You'll find other little details similarly rewarding, like the Sidecar drum brake, matching brown vinyl Sidecar bench seat and color coordinated snap-on tonneau cover.

Did Willie G. do it up right? We think it's a knock-out!

AMF
Harley-Davidson

Until you've been on a Harley-Davidson, you haven't been on a motorcycle.

HARLEY-DAVIDSON

Subject to E.P.A. approval available 3-15-79.

Nach wie vor erhältlich: Die Harley mit Seitenwagen. Das Boot hatte sogar noch entfernte Ähnlichkeit mit jenem der dreißiger Jahre. Dieses Inserat erschien im Dezember 1978.

Blick zurück: Ob die englische Automobil-Firma Rolls-Royce mit dem Vergleich einverstanden war? Dieses Inserat erschien 1928 in Österreich.

Bei aller Modellkonstanz gab es bei Harley-Davidson, vor allem nach dem Zweiten Weltkrieg, eine so große Zahl von Typvarianten, daß es kaum möglich ist, sie in Form einer tabellarischen Übersicht auf gedrängtem Raum aufzulisten. Nachfolgend sind daher nur die wichtigsten Hauptmodellreihen angeführt ohne Anspruch auf Vollständigkeit, wobei auf die Fachliteratur verwiesen sei, die in aller Ausführlichkeit auf die einzelnen technischen Daten und Modellunterschiede eingeht. Es soll nicht der Sinn dieses Bandes der Schrader-Motor-Chronik sein, technische Fachliteratur zum Thema Harley-Davidson zu ersetzen.

Modell	B	C	E	F	J	FD	FDCA	FDCB	JE	JD
Baujahre	1913–1918	1914–1918	1918	1918–1923	1918–1923	1921–1924	1924	1924	1924–1925	1924
Zylinder	1	1	2	2	2	2	2	2	2	2
Bohr. × Hub, inches	$3\frac{5}{16} \times 3\frac{1}{2}$					$3\frac{7}{16} \times 3\frac{1}{2}$			$3\frac{5}{16} \times 3\frac{1}{2}$	$3\frac{7}{16} \times 3\frac{1}{2}$
Hubraum	494 ccm, 30,17 ci					1212 ccm, 74 ci			988 ccm, 60,3 ci	
PS	4,34	4,34	8,68	8,68	8,68	9,5			8,68	9,5
Zündung	Magnet					Magnet			Batterie	
Getriebe	1 Gang	2 Gänge	1 Gang	3 Gänge	3 Gänge	3 Gänge				
Antrieb	1 Kette	1 Kette	2 Ketten	2 Ketten	2 Ketten	2 Ketten				
Anmerkung		1918: 3 Gänge.					Aluminium-Kolben.	Stahl-Kolben.		

Modell	JDCA	JDCB	FE	FD	F	J	JD	A	AA	B
Baujahre	1924	1924	1925	1926–1929	1926–1929	1926–1929	1926–1929	1926–1929	1926–1929	1926–1929 (1934)
Zylinder	2		2	2	2	2 sv		1 sv	1 ohv	1 sv
Bohr. × Hub, inches	$3\frac{7}{16} \times 3\frac{1}{2}$		$3\frac{5}{16} \times 3\frac{1}{2}$	$3\frac{7}{16} \times 3\frac{1}{2}$	$3\frac{5}{16} \times 3\frac{1}{2}$	$3\frac{5}{16} \times 3\frac{1}{2}$	$3\frac{7}{16} \times 3\frac{1}{2}$	$2\frac{7}{8} \times 3\frac{1}{4}$		
Hubraum	1212 ccm, 74 ci		988 ccm, 60,3 ci	1212 ccm, 74 ci	988 ccm, 60,3 ci	988 ccm, 60,3 ci	1212 ccm, 74 ci	347 ccm, 21,2 ci		
PS	9,5		8,68	9,5	8,68	8,68	9,5	3,31		
Zündung	Batterie		Magnet	Magnet	Magnet	Magnet		Magnet		
Getriebe	3 Gänge					3 Gänge				
Antrieb	2 Ketten					2 Ketten		1 Kette		
Anmerkung	Aluminium-Kolben.	Stahl-Kolben.		Stahl-Kolben.	Stahl-Kolben.				Aluminium-Kolben.	

Modell	BA	JXL	DXL	JH	JDH	D	V 74	D 45	C 30	B 21
Baujahre	1926–1929	1928–1929	1928–1929	1928–1929	1928–1929	1929	1930–1936	1929–1933 (1951)	1929–1936	1934
Zylinder	1 ohv	2	2	2 twin cam	2 twin cam	2 sv	2 sv	2 sv	1 sv	1 sv
Bohr. × Hub, inches	$2^{7}/_{8} \times 3^{1}/_{2}$	$3^{5}/_{16} \times 3^{1}/_{2}$	$3^{7}/_{16} \times 3^{1}/_{2}$	$3^{5}/_{16} \times 3^{1}/_{2}$	$3^{7}/_{16} \times 3^{1}/_{2}$	$2^{3}/_{4} \times 3^{13}/_{16}$	$3^{7}/_{16} \times 3^{1}/_{2}$	$2^{3}/_{4} \times 3^{13}/_{16}$	$3^{1}/_{32} \times 4$	$2^{7}/_{8} \times 3^{1}/_{4}$
Hubraum	347 ccm, 21,2 ci	988 ccm, 60,3 ci	1212 ccm, 74 ci	988 ccm, 60,3 ci	1212 ccm, 74 ci	741 ccm, 45,3 ci	1212 ccm, 74 ci	741 ccm, 45,3 ci	500 ccm, 30,5 ci	347 ccm, 21,2 ci
PS	3,31	8,68	9,5	8,68	9,5	—	—	—	—	—
Zündung	Batterie	Batterie	Batterie	Batterie	Batterie	Batterie				
Getriebe	3 Gänge					3 Gänge				
Antrieb	1 Kette	2 Ketten				2 Ketten				
Anmerkung	Aluminium-Kolben.					Keine offiziellen Leistungsangaben mehr.	Auch als VD, VDS, VLD.	Auch als DL, DLD.	CB mit ohv-Motor.	

Modell	R 45	VLH 80	EL 61	WL 45	UL 74	ULH 80	F 74	XA	S 125	ST 165
Baujahre	1934–1936	1936–1945	1936–1952	1937–1951	1937–1948	1938–1941	1941–1978	1942–1945	1948–1952	1952–1957
Zylinder	2	2 sv	2 ohv	2 sv	2 ohv	2 ohv	2 ohv	2 Boxer	1 Zweitakt	1 Zweitakt
Bohr. × Hub, inches	$3^{1}/_{4} \times 3^{13}/_{16}$	$3^{15}/_{16} \times 4^{1}/_{2}$	$3^{5}/_{16} \times 3^{1}/_{2}$	$2^{3}/_{4} \times 3^{13}/_{16}$	$3^{7}/_{16} \times 3^{1}/_{2}$	$3^{15}/_{16} \times 4^{1}/_{2}$	$3^{7}/_{16} \times 3^{31}/_{32}$	$3^{1}/_{16} \times 3^{1}/_{16}$	—	—
Hubraum	744 ccm, 45,3 ci	1300 ccm, 80 ci	998 ccm, 61 ci	742 ccm, 45,3 ci	1212 ccm, 74 ci	1300 ccm, 80 ci	1212 ccm, 74 ci	740 ccm, 45 ci	125 ccm, 7,5 ci	165 ccm
PS	48	—	ca. 40	30	40	—	ca. 40	7,5	3	—
Zündung	Batterie/Magnet	Batterie	Batterie	Batterie	Batterie	Batterie	Batterie	—	Batterie	Batterie
Getriebe	3 Gänge (wahlweise 4 Gänge)		4 Gänge	4 Gänge		3 Gänge	ab 1960 Fußschaltung	4 Gänge	2 Gänge	3 Gänge
Antrieb	2 Ketten		1 Kette	1 Kette		Kette	Kette	Kardanwelle	Kette	Kette
Antrieb	auch als LR, LRD. Nachfolger: XR-Serie.	auch mit Rückwärtsgang lieferbar.	E-Serie in verschiedenen Ausführungen: EL, ES, ELS.	W-Serie in verschiedenen Ausführungen: WL, WLD, WLDR, Militärausführung: WLA und WLC.	U-Serie in verschiedenen Ausführungen: UL, UHS, ULH, US.		F-Serie in verschiedenen Ausführungen: FL, FS, FLS, FLEF, FLHF FLFB, FLB.	Militärmaschine für Afrika		

Modell	K 55	Hummer	Sportster (X)	Super (X)	BT Super 10	BT Pacer	Sprint	Rapido	XL 55	ERS
Baujahre	1953–1964	1955–1960	1958–1959	1960–1966	1960–1961	1962–1966	1962–1972	1968–1977	1963–1978	1969–1972
Zylinder	2 ohv	1 Zweitakt	2 ohv	2 ohv	1 Zweitakt	1 Zweitakt	1	1 Zweitakt	2 ohv	1 Zweitakt
Bohr. × Hub, inches	$3 \times 3^{15}/_{16}$	—	$3 \times 3^{13}/_{16}$	$3 \times 3^{13}/_{16}$	—	—	—	—	$3 \times 3^{13}/_{16}$	2,2 × 1,91
Hubraum	883 ccm, 54 ci	125 ccm, 7,5 ci	900 ccm, 55 ci	900 ccm, 55 ci	165 ccm	175 ccm	250 ccm, 15 ci	125 ccm	900 ccm, 55 ci	250 ccm, 15 ci
PS	ca. 40	3	ca. 40	ca. 40	9	5	18	—	—	—
Zündung	Magnet/Batterie						Batterie	Batterie	Batterie	Magnet
Getriebe	3 Gänge	2 Gänge	3 Gänge	3 Gänge	3 Gänge	3 Gänge	4 Gänge	4 Gänge	4 Gänge	4 Gänge
Antrieb	Kette	Kette	Kette	Kette	Kette	Kette	Kette	Kette	Kette	Kette
Anmerkung	K-Serie in verschiedenen Ausführungen: KR, KRTT, KRH, KH, KHK.	Diverse Ausführungen: XL, XLH, XLCH.	Diverse Ausführungen, Sportster-Nachfolger	BTU: 5 PS. Auch Scat und Ranger.	Nachfolger des BTU Super 10.	Auch als CRTT, C, H, SS, ERS.	Auch: MLS.	in diversen Ausführungen, auch mit Magnetzündung: XLH, XLCH, XCT, XLCR.		

ARMY E NAVY
HARLEY-DAVIDSON
MOTOR CYCLES

Mit Werbekarten und anderen Streuartikeln warben Harley-Davidson-Händler seit jeher für Meetings, die sie veranstalteten. Zahlreiche Motorradclubs in den USA gehen auf Aktivitäten seitens einer engagierten Händlerschaft zurück. Das „Bring einen Freund mit“ bedeutet natürlich nichts anderes als „Verschaff mir einen neuen Kunden“!

Es gibt eine Menge Harley-Davidson-Literatur, vor allem natürlich aus den USA, und einiges ist auch bei uns in Europa zu haben. Hier nur ein kleiner Querschnitt, wobei auch die gesamten Technischen Handbücher außer acht gelassen wurden.

Der Harley-Davidson-Kult — Eine in zwei Bänden erschienene Darstellung der Begeisterung, die HD-Besitzer ihren Maschinen entgegenbringen. Autor Gerald Foster hat in diesen Büchern die schönsten und interessantesten Farbfotos zusammengestellt, meist in Kalifornien aufgenommen. Je 128 Seiten mit etwa 120 Bildern.

Eine amerikanische Legende. Auch dieser Titel stammt von HD-Fan Gerald Foster. Hier werden alle Serienmaschinen, aber auch Harley-Davidson-Rennmotorräder präsentiert und genau beschrieben. Das Buch umfaßt 128 Seiten mit etwa 80 Bildern.

Harley-Davidson im Bild von Wolfgang Wiesner. Mehr als ein faszinierender Bildband — ein glänzend geschriebenes Stück amerikanischer Motorradgeschichte mit vielen interessanten Einzelheiten. Das Buch hat 244 Seiten, 348 Schwarzweiß- und 70 Farbfotos.

Die Harley-Davidson: Mythos aus Chrom und Stahl. Auch dieses Buch stammt aus der Feder des Autors Wolfgang Wiesner. Es liest sich ausgezeichnet; Geschichte, Technik und Typologie stehen im Mittelpunkt. Das Buch ist 236 Seiten stark und hat 180 Abbildungen, ein Drittel davon in Farbe.

Harley-Davidson — The Milwaukee Marvel von Harry V. Sucher. Dieses Buch gilt in den USA als ein Standardwerk der HD-Historie. Vor allem enthält es eine detaillierte Typologie aller Modelle von 1906 bis 1988. 354 Seiten mit 223 Abbildungen (englischer Text).

The Harley-Davidson Motor Company. David Wright schrieb dieses Buch anläßlich der 80-Jahr-Feier der Firma. Alle Serienmaschinen mit ihren Daten, viele Werksaufnahmen. 280 Seiten, 250 Bilder, englischer Text.

Brooklands-Serie: Cycle World on Harley-Davidson. Es gibt inzwischen vier Bände, die Jahre 1962–68, 1968–78, 1978–83 und 1983–87 betreffend. Jeder Band umfaßt etwa 80 Seiten mit Reprints von Testberichten und anderen Artikeln aus englischen und amerikanischen Motorrad-Zeitschriften. Die Druckwiedergabe ist recht gut, das Format entspricht A 4.

Illustrated Harley-Davidson Buyers Guide. Allan Girdler verfaßte diesen „Kaufberater" (engl. Sprache), der alle gängigen Modelle bis zurück zum Modelljahrgang 1936 beschreibt und Bewertungs-Grundlagen gibt. Das Buch hat 158 Seiten und 141 Abbildungen.

The Big Book of Harley-Davidson — von Thomas C. Bolfert. Ein großes Kompendium, entstanden 1989 im Werksauftrag, das mit 462 Seiten einen Superlativ darstellt, vor allem durch seine durchweg vierfarbigen Bilder und das große Format (24 x 32 cm). Der Wälzer zeigt jede Harley-Davidson ab 1903 in einem zeitgenössischen Umfeld, dazu die heutige Produktpalette, das komplette Zubehör-Angebot sowie Spezial-Werkzeuge. Das Non-Plus-Ultra für den Harley-Fan, der gut Englisch kann.

Schrader-Motor-Chronik

eine wachsende Erfolgsreihe

Best-Nr.	Titel	
22050	Alfa Romeo Giulia + Giulietta-Berlina, Sprint und Spider 54-78	SMC36
22013	Alfa Romeo Spider 55-86	SMC10
22020	Austin-Healey 53-72	SMC13
22019	BMW R 24 bis R 27 49-67	SMC11
22054	BMW Motorräder, 2-Zyl. R 51/2 – R 75/5 50-73	SMC42
22010	BMW Isetta 55-62	SMC1
22028	BMW 501-507 52-68	SMC23
22046	BMW 1500-2002 62-77	SMC33
22023	Borgward-Lkw 47-61	SMC17
22051	Chevrolet Corvette 53-86	SMC37
22040	Citroën 2 CV 48-86	SMC29
22011	Citroën ID/DS 55-76	SMC3
22060	DKW – Auto Union, 2-Zyl. AU 1000/S/SP 3 = 6 50-65	SMC39
22052	Deutsche Seitenwagen-Motorräder	SMC38
22047	DKW Motorräder 49-58	SMC34
22035	Ferrari V12 72-86	SMC22
22026	Fiat 500/600 Topolino 36-69	SMC16
22039	Fiat Sportwagen 48-86	SMC28
22022	Ford Taunus 12 M/15 M 52-62	SMC5
22017	Goggomobil/Isar 55-69	SMC9
22061	Harley-Davidson Motorräder 18-78	SMC43
22012	Horex Regina 50-56	SMC4
22016	Jaguar Mk II 55-69	SMC7
22042	Jaguar E-Type 61-75	SMC31
22029	Jeep 42-86	SMC24
22062	Karmann Ghia 55-74	SMC44
22056	LANZ Bulldogg, Ackerschlepper, Straßenzugmaschinen 28-55	SMC40
22014	Mercedes 190 SL 55-63	SMC6
22021	Mercedes 300 51-62	SMC15
22034	Mercedes Heckfl. 59-65	SMC20
22038	Mercedes Lkw/Omn. 47-61	SMC27
22043	Mercedes Ponton 53-62	SMC32
22055	MINI, Austin · Morris · Cooper S Clubmann · 1275 GT 59-83	SMC41
22032	NSU Motorräder 49-63	SMC21
22049	NSU Ro 80 + Wankel Spider 64-77	SMC35
22024	Opel Olympia 35-53	SMC12
22018	Peugeot 203/403/404 48-72	SMC19
22041	Porsche 356 48-65	SMC30
22027	Porsche 911 63-86	SMC18
22036	Triumph TR2-TR8 53-81	SMC25
22025	Vespa Motorroller 48-86	SMC14
22015	VW Käfer Cabrio 49-80	SMC8
22009	VW Transp./Bus 49-67	SMC2
22037	Zündapp Motorräder 47-84	SMC26

Schrader Ⓢ Verlag